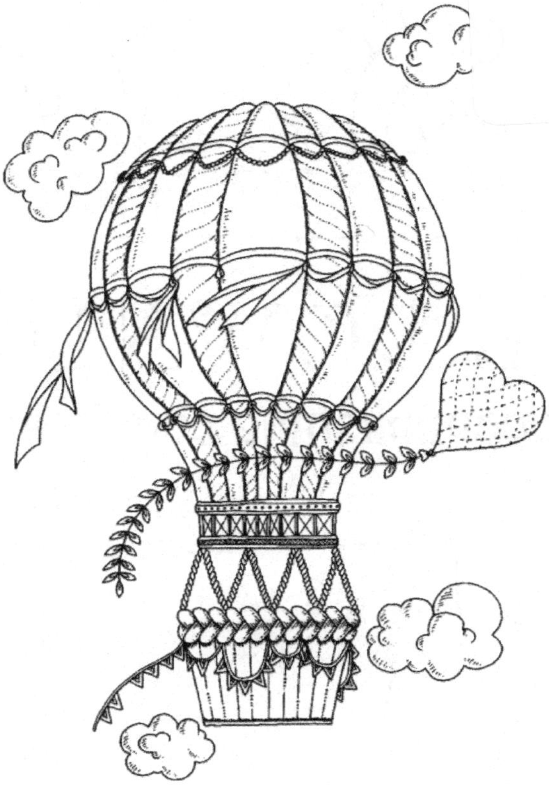

BALLOON PUBLISHING

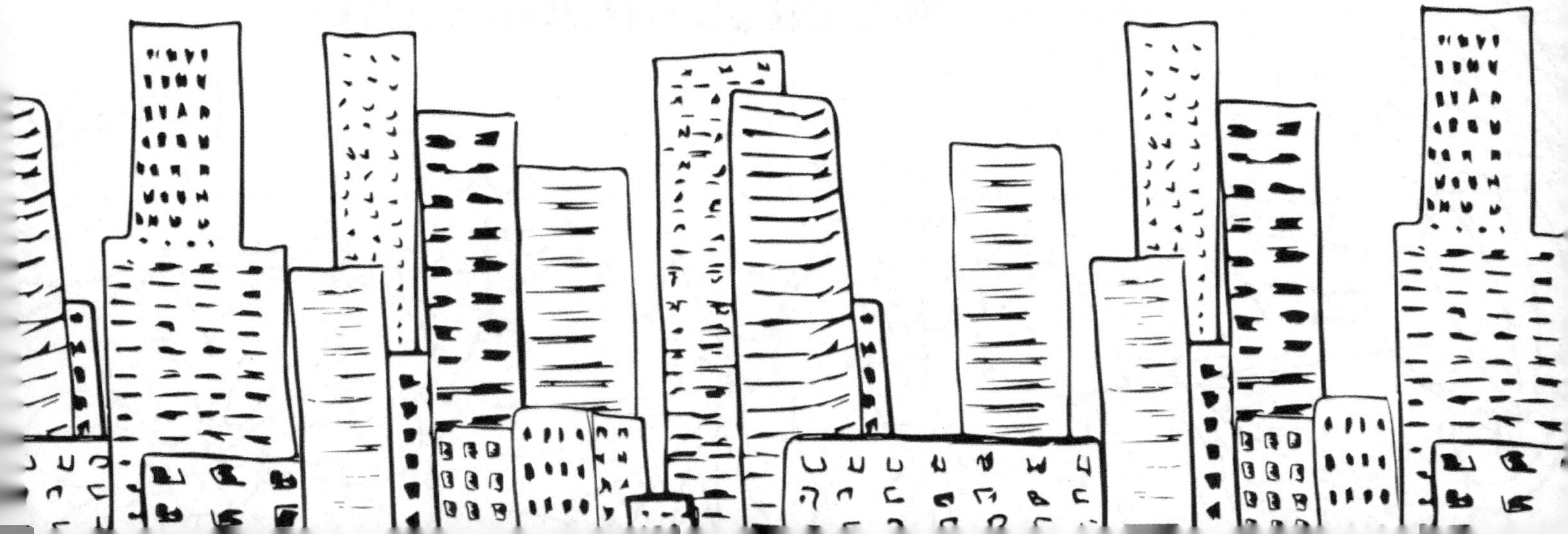

COLOR TEST PAGE

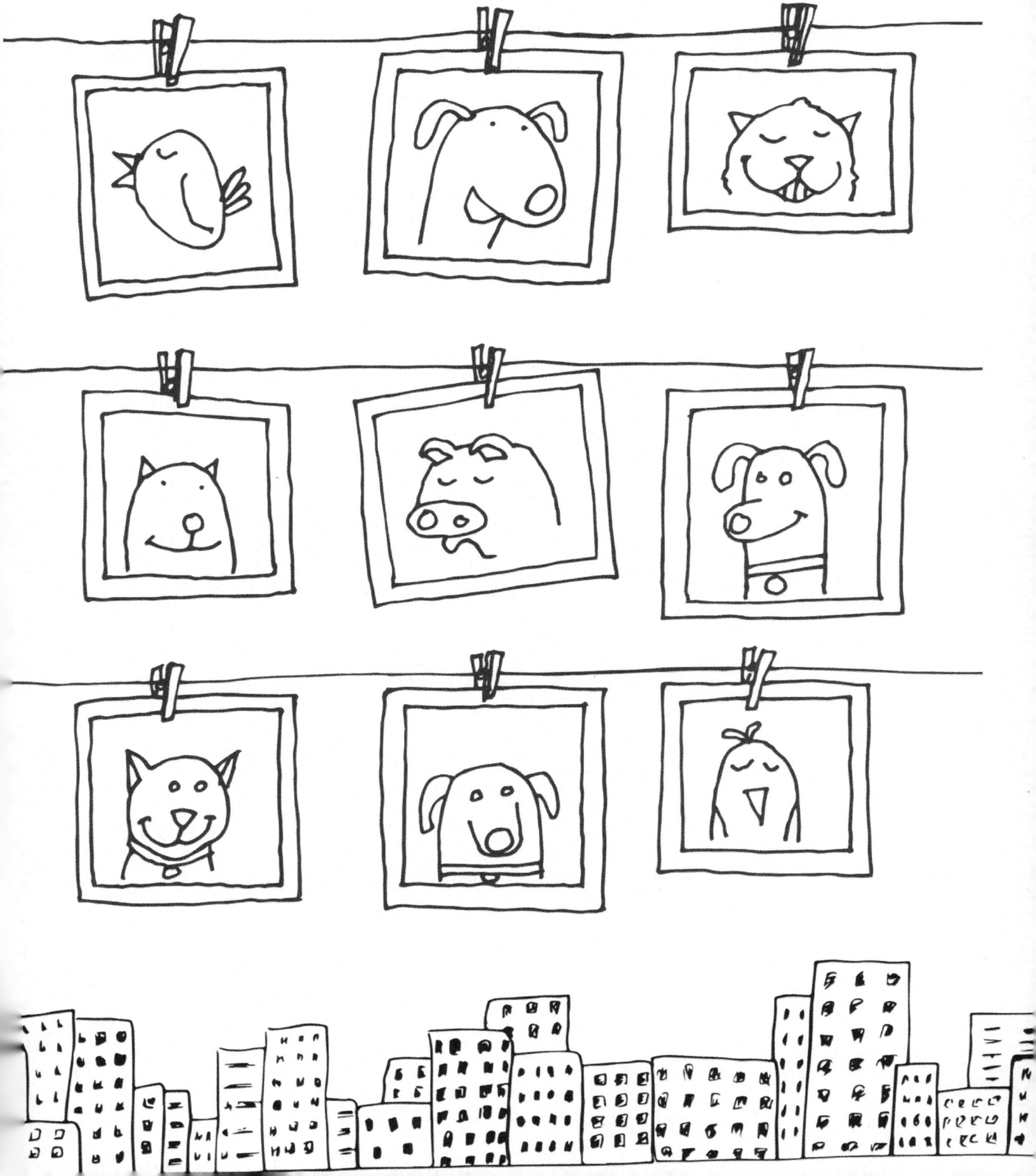

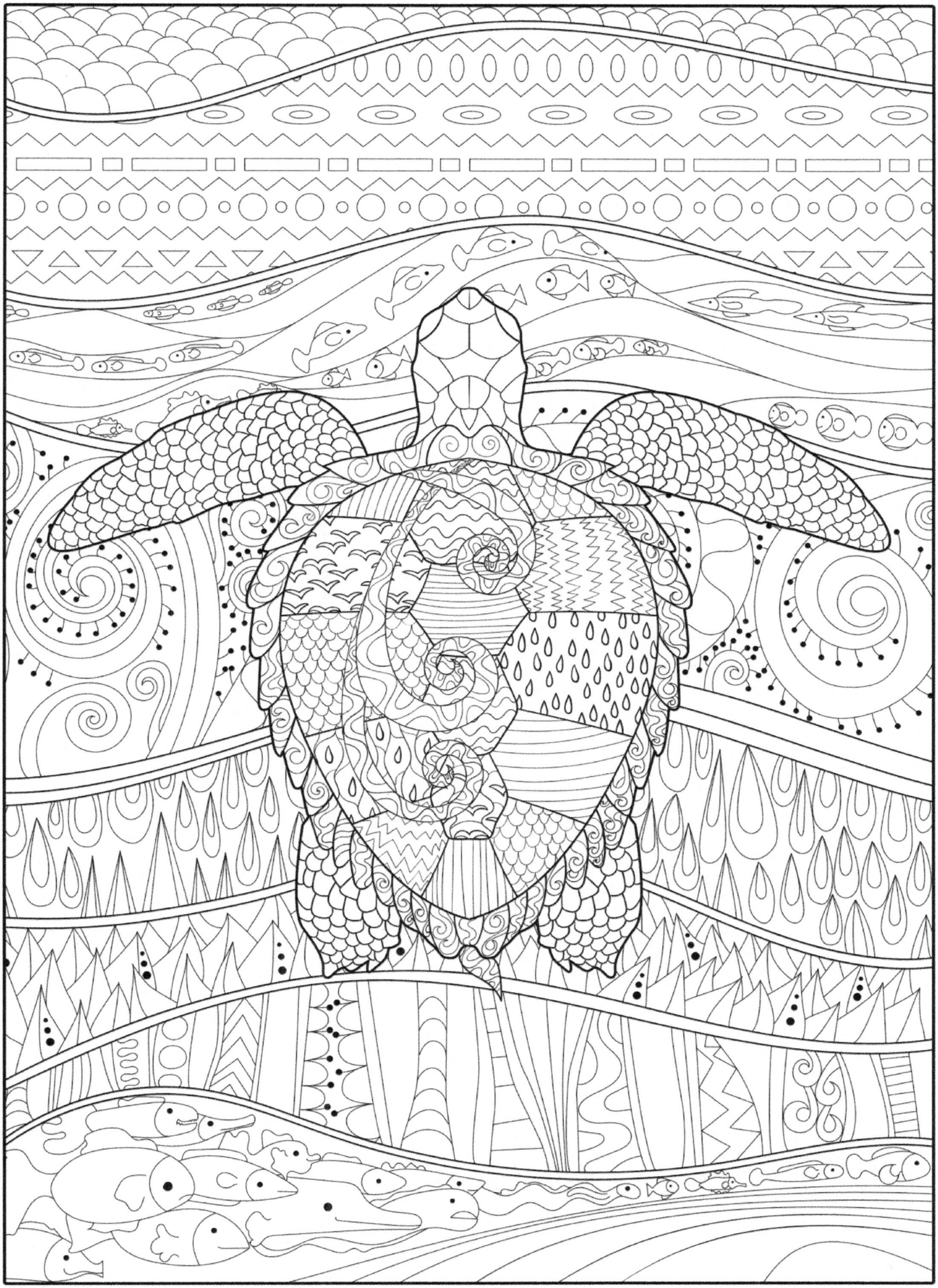

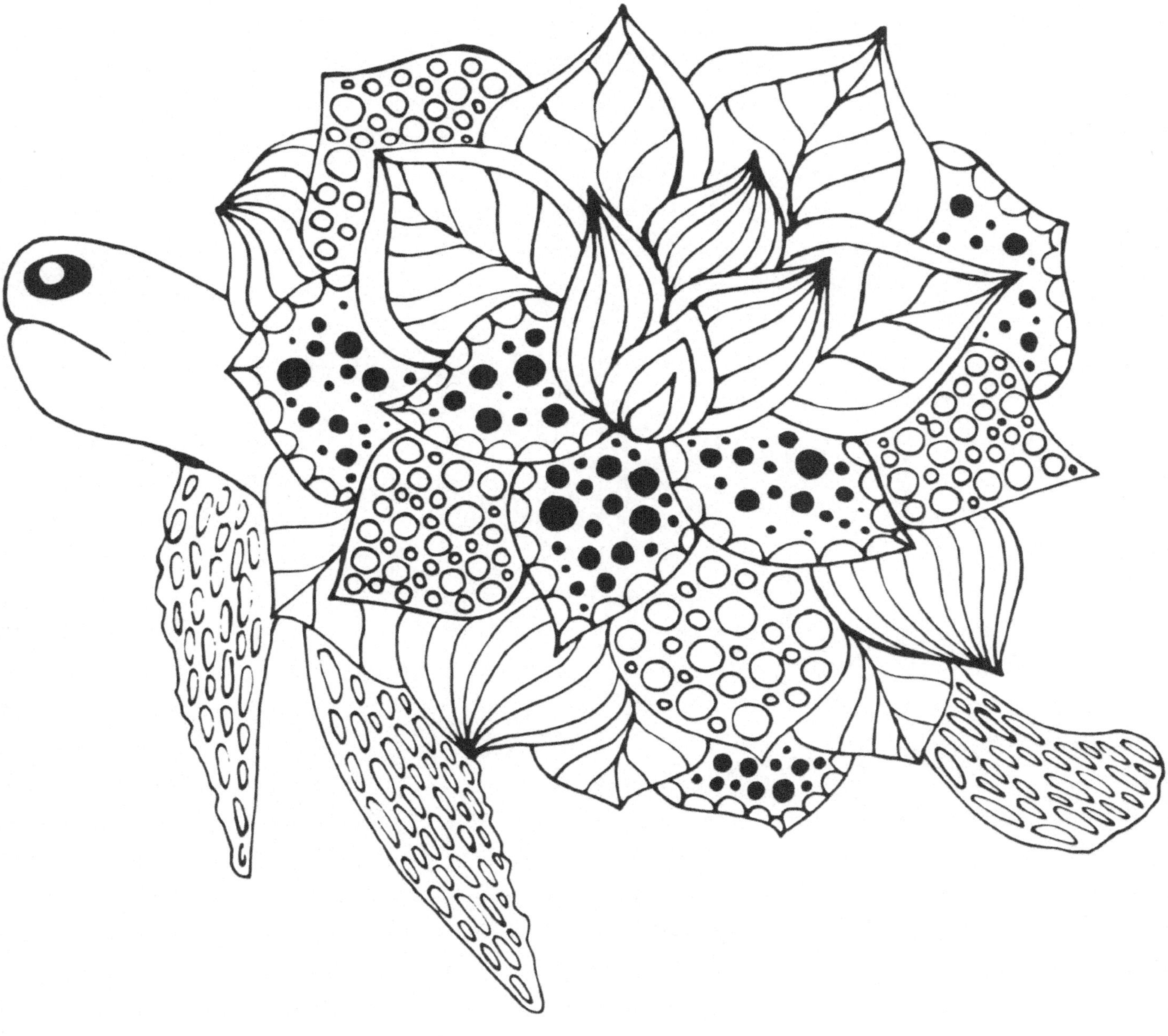

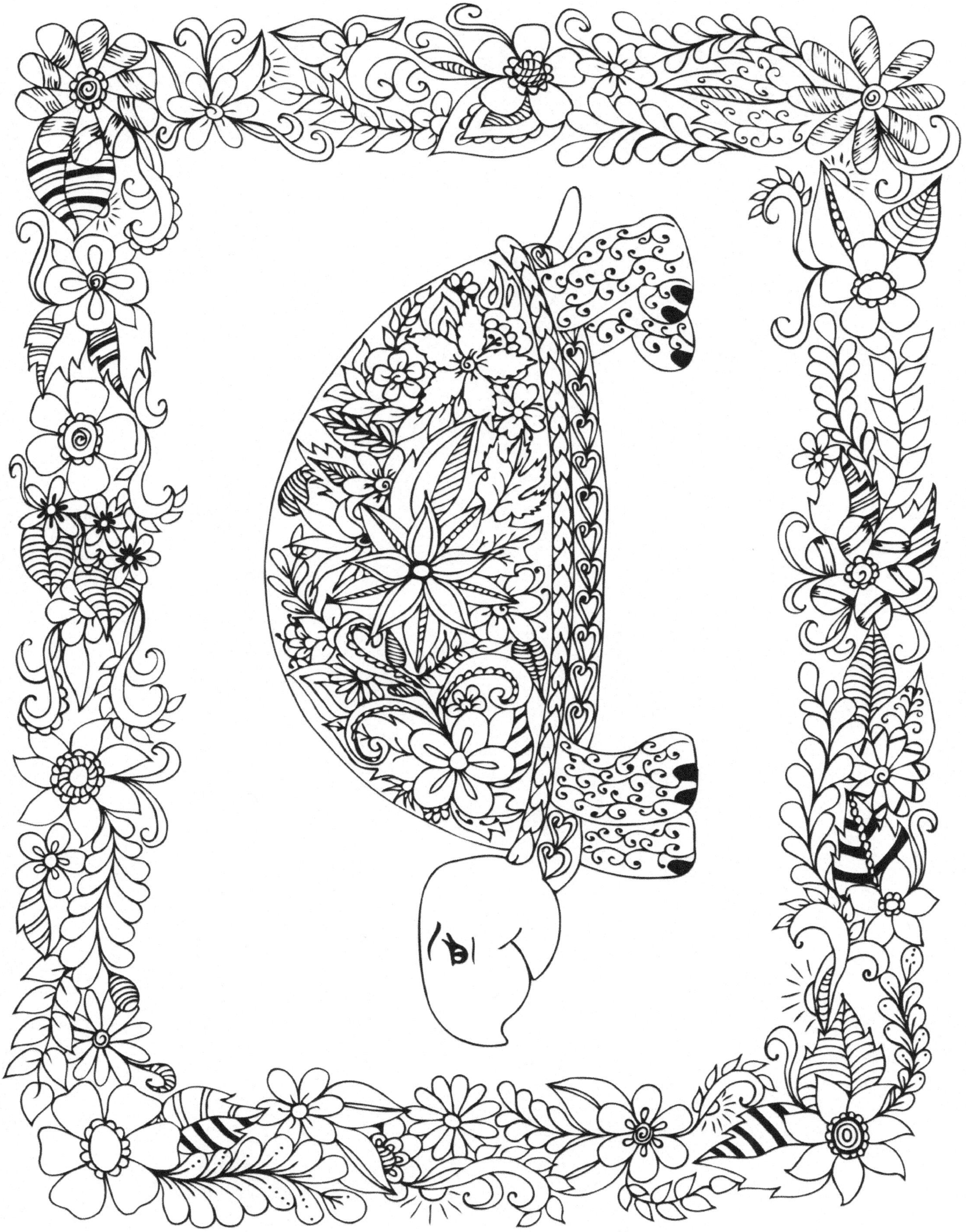

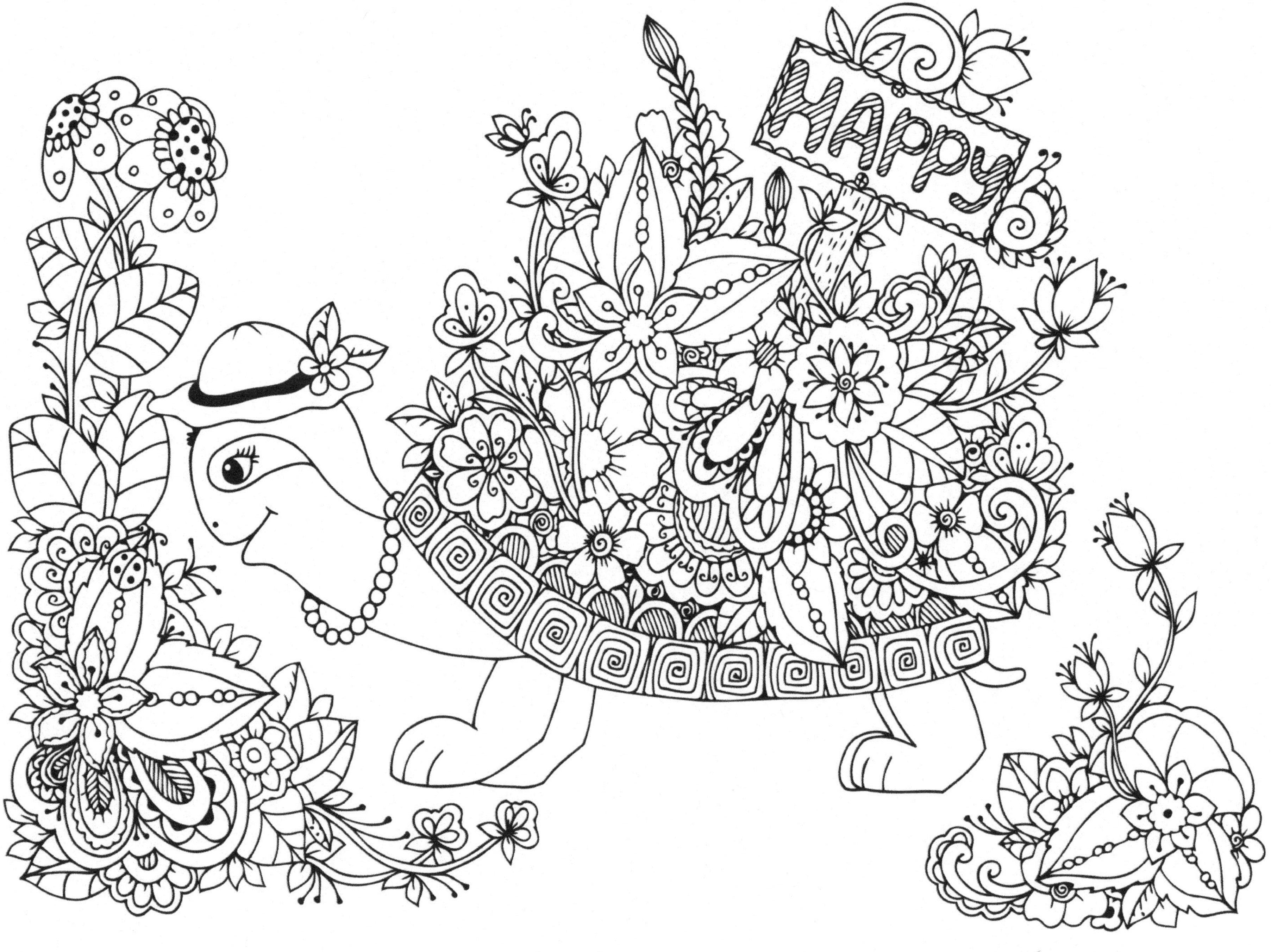
Happy

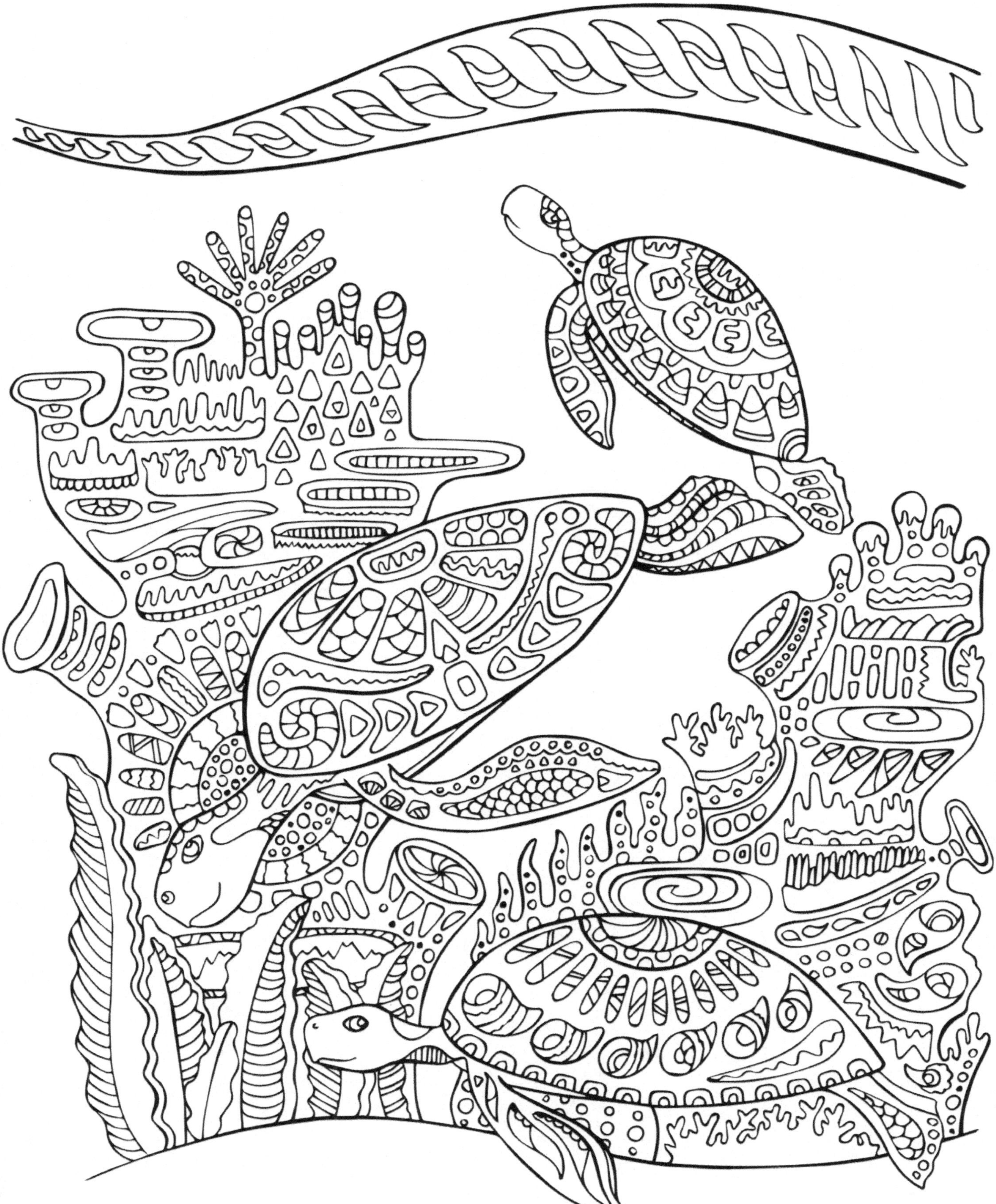

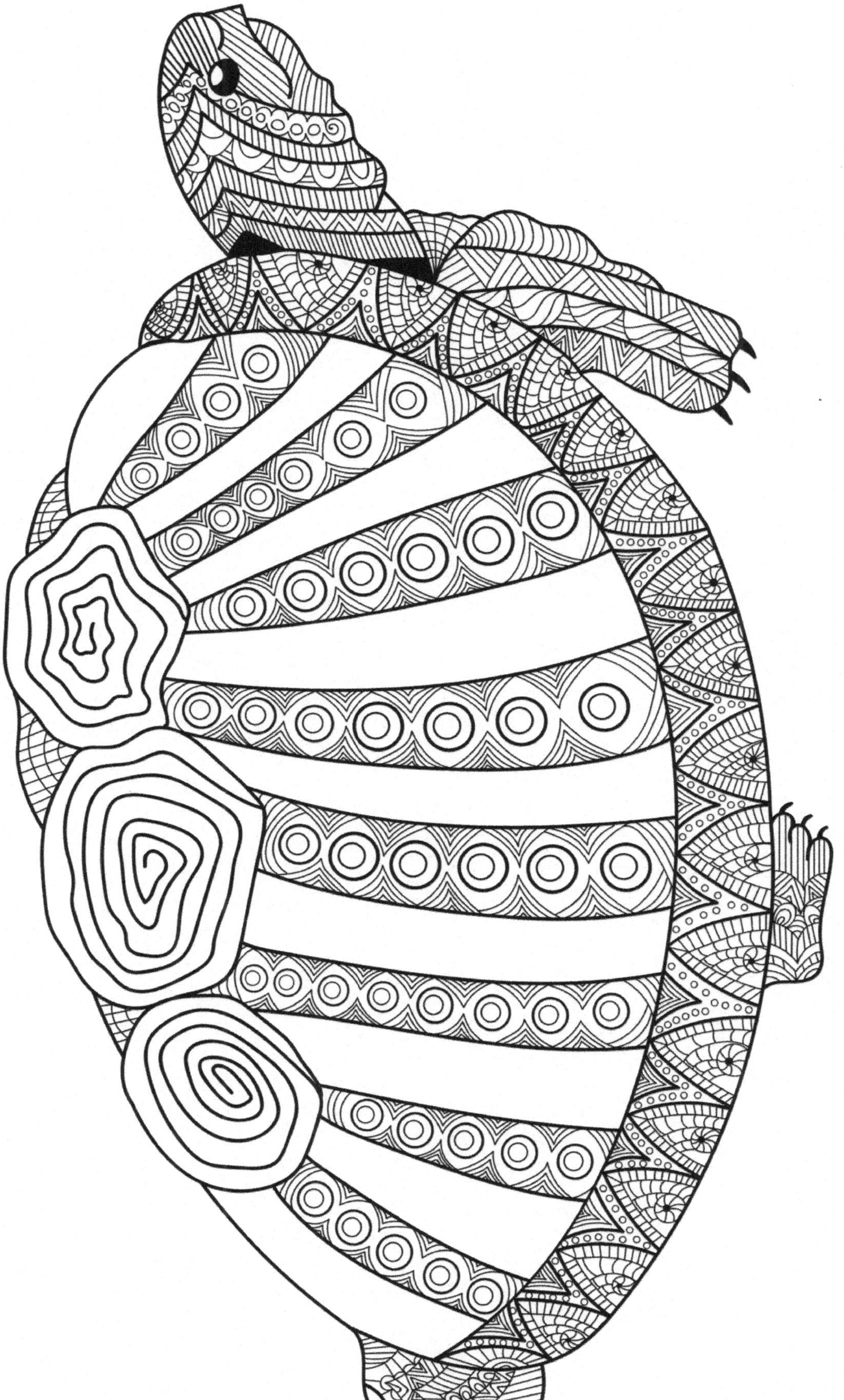

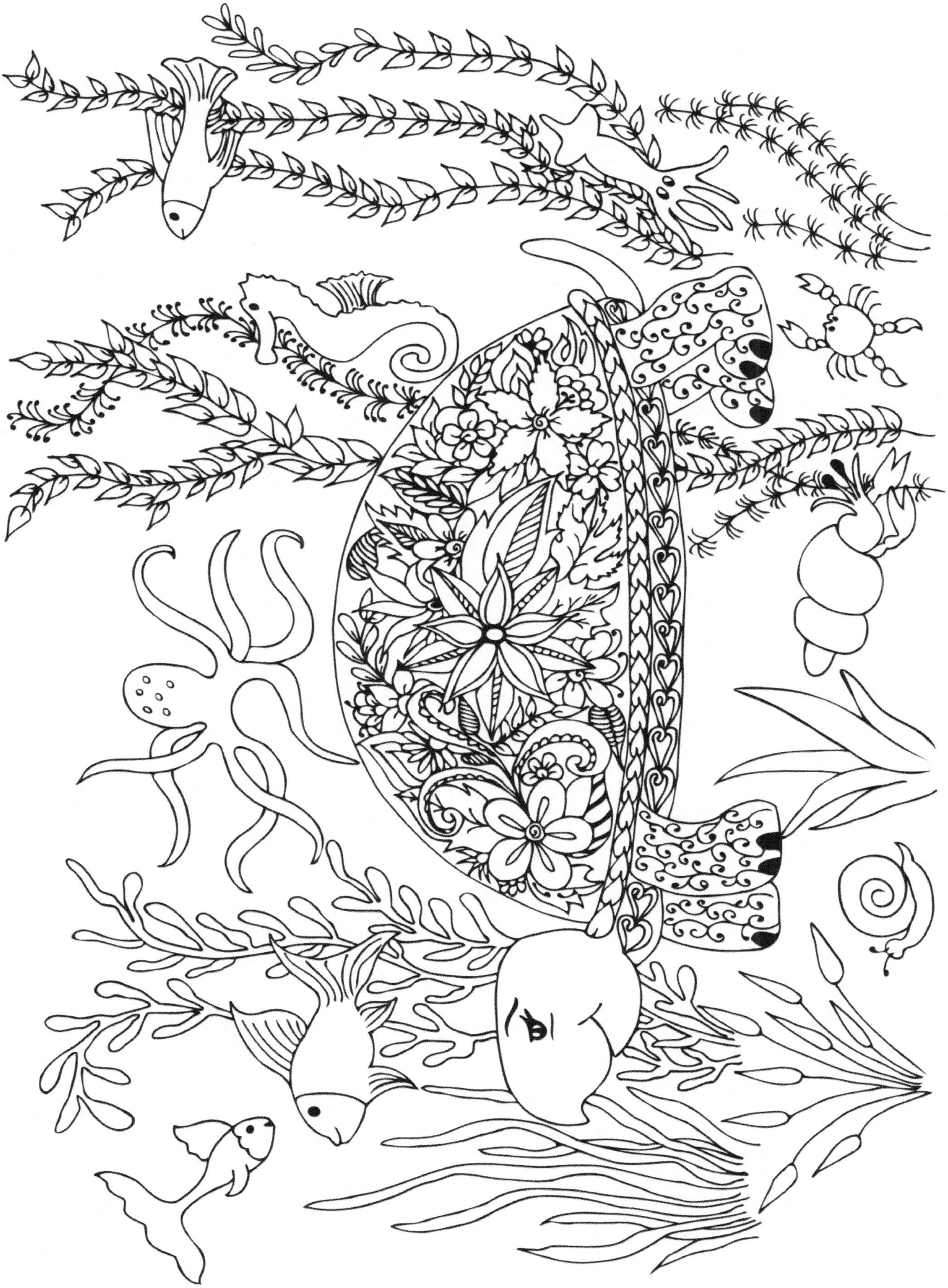

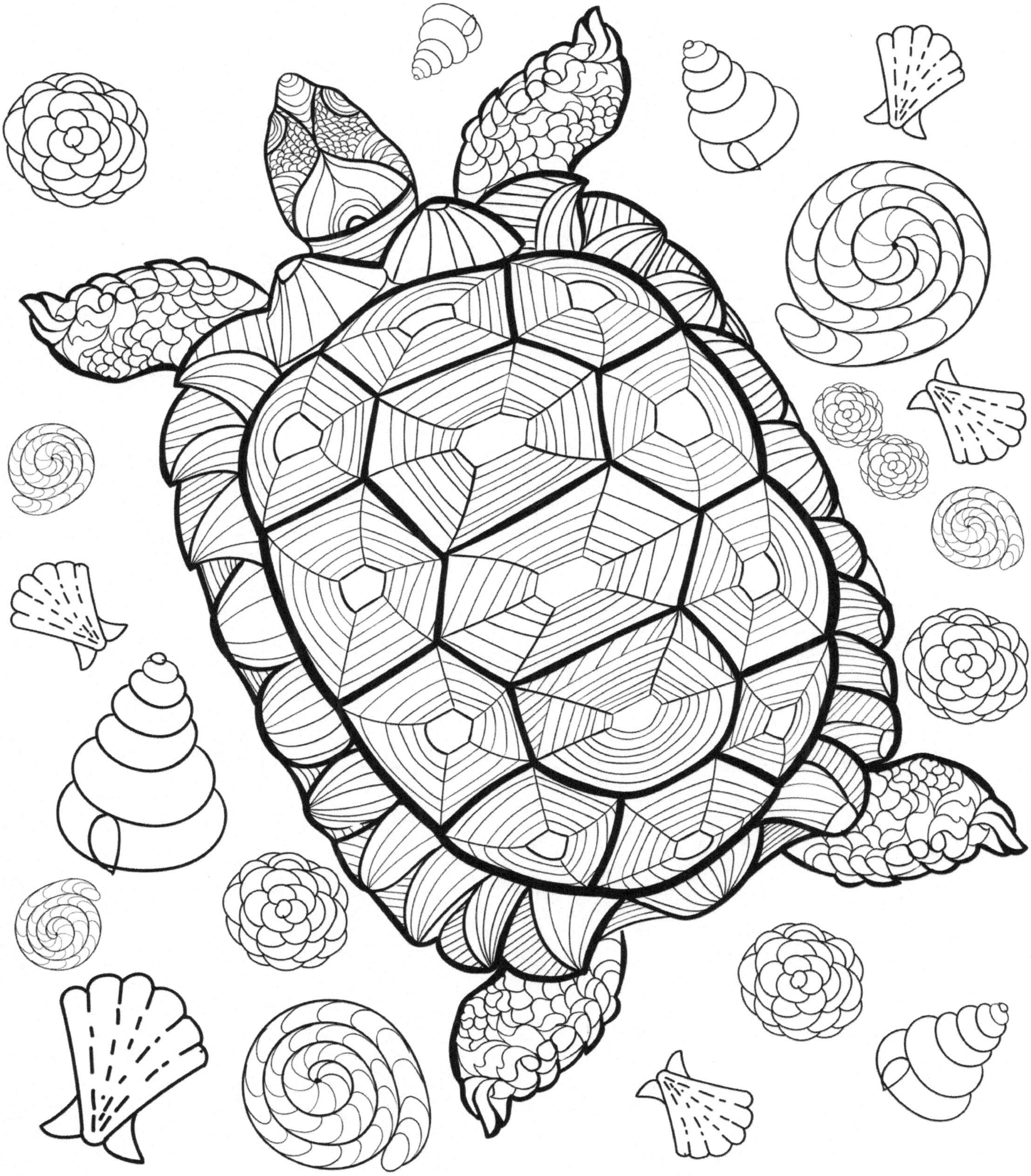

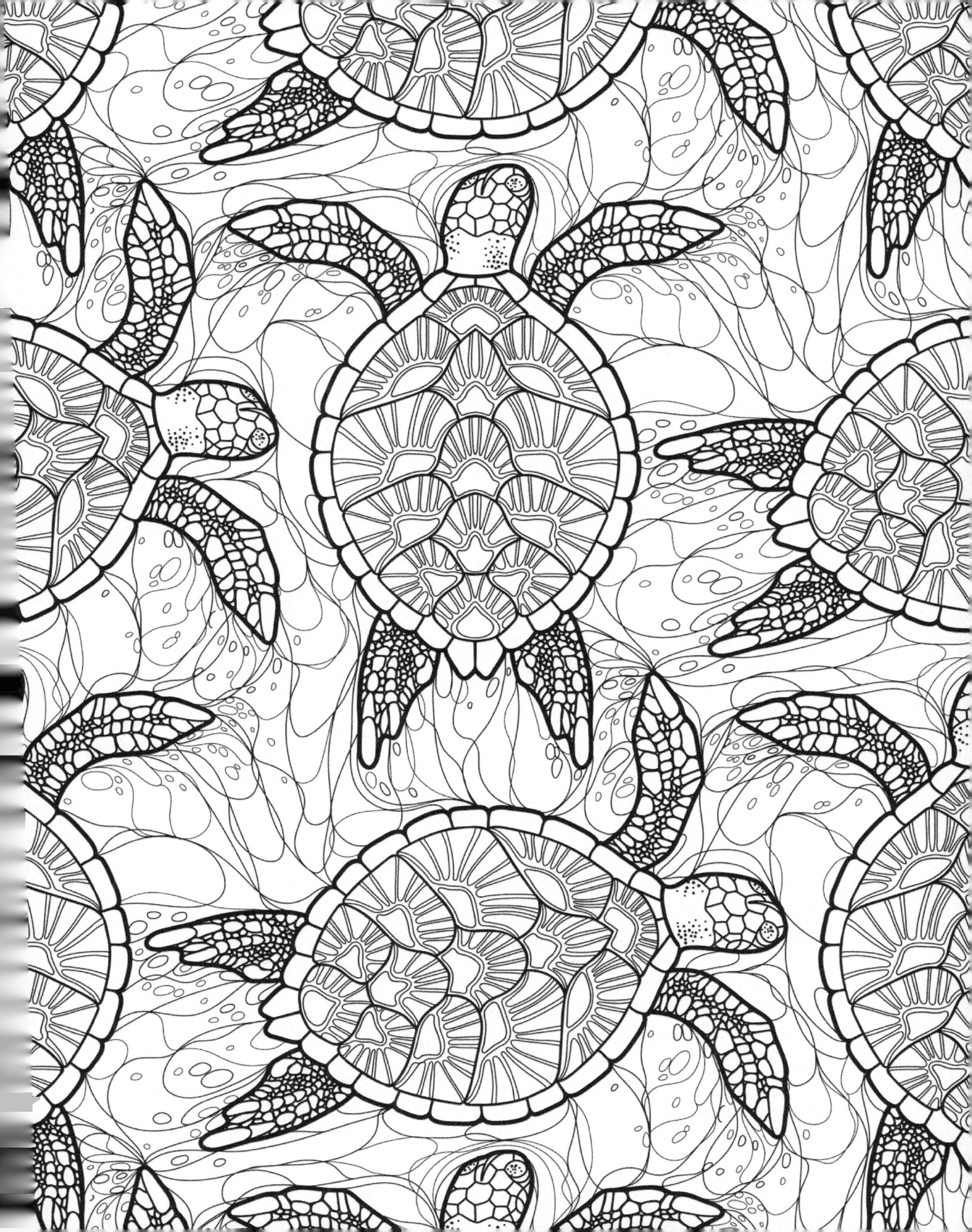

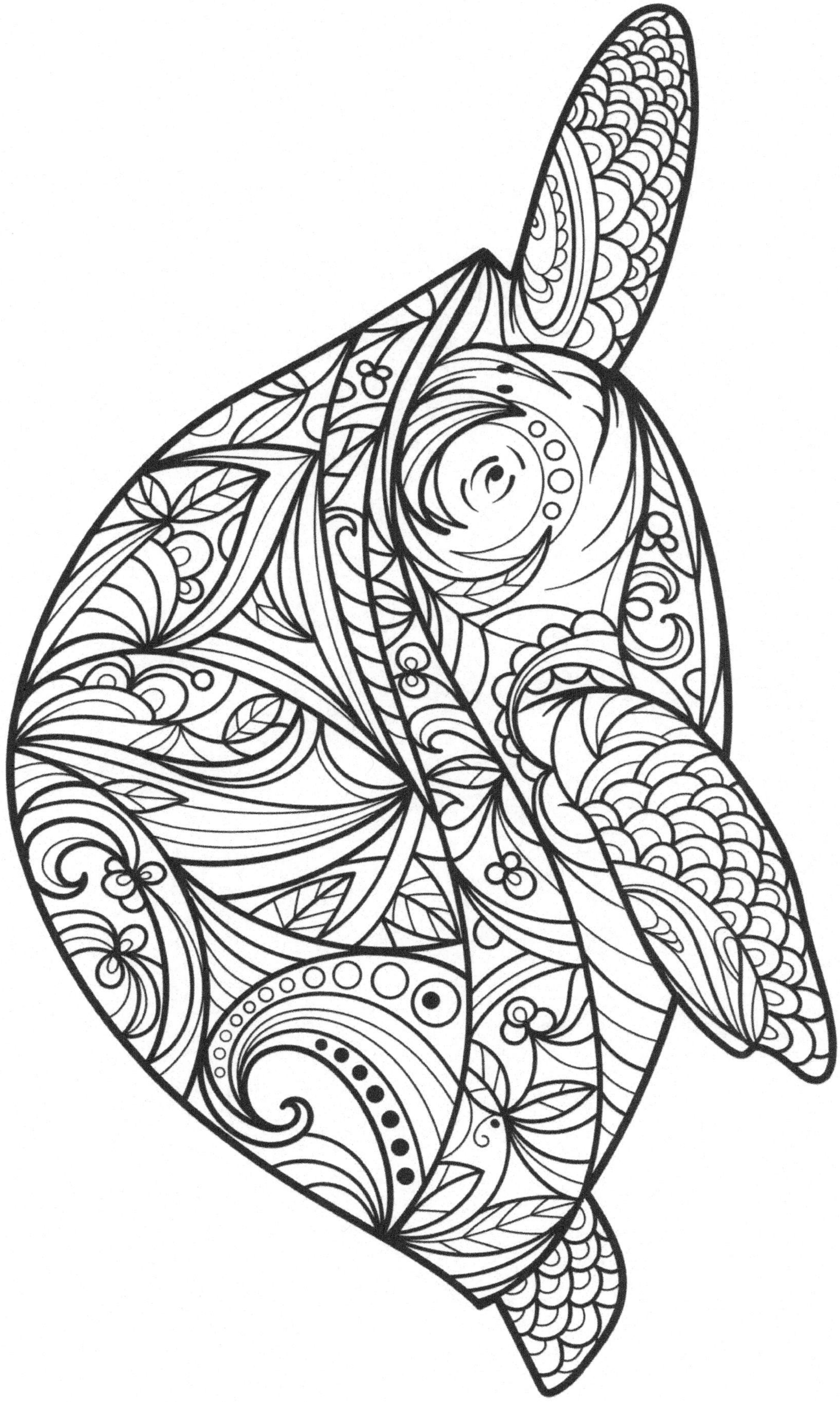

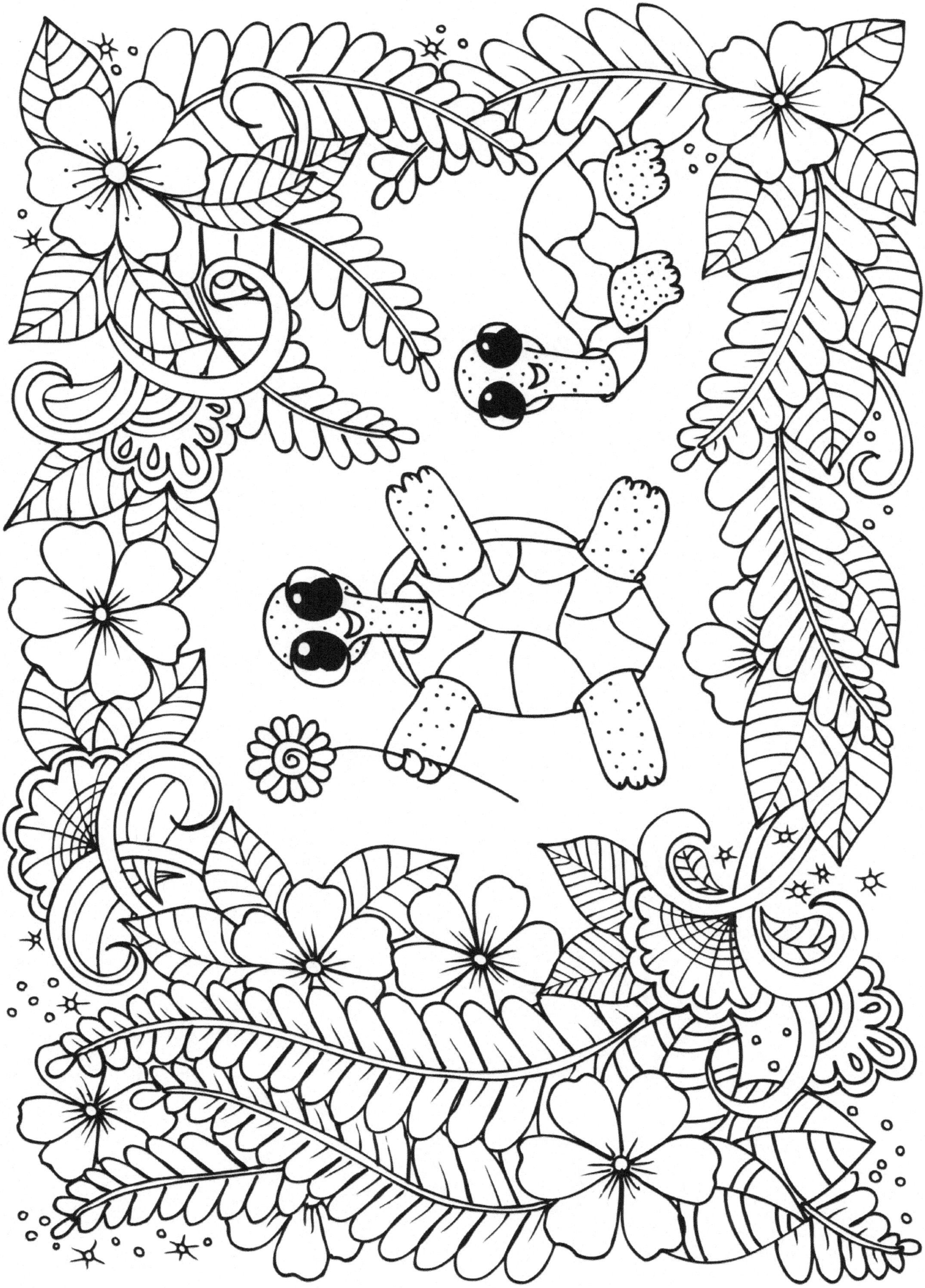

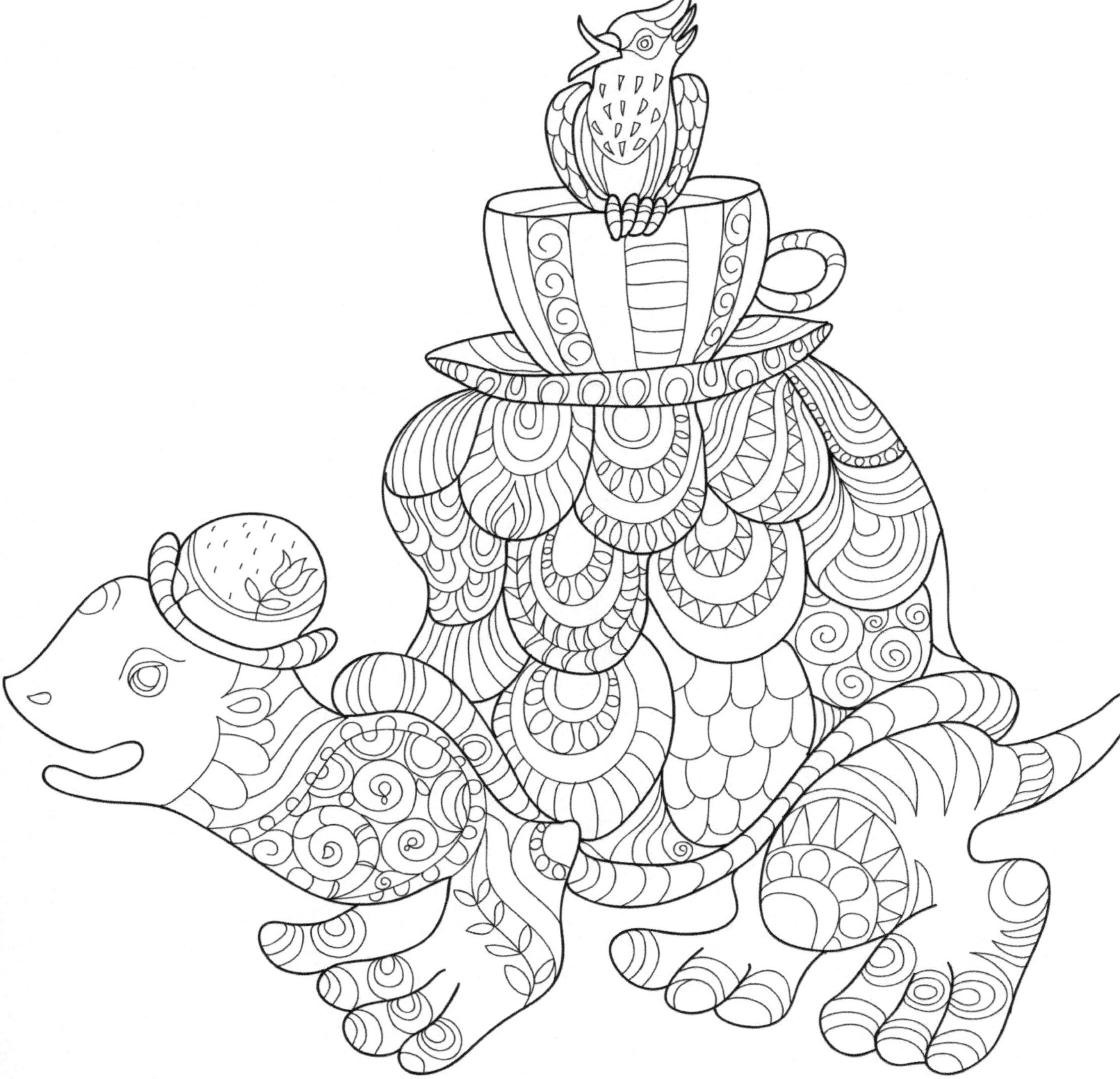

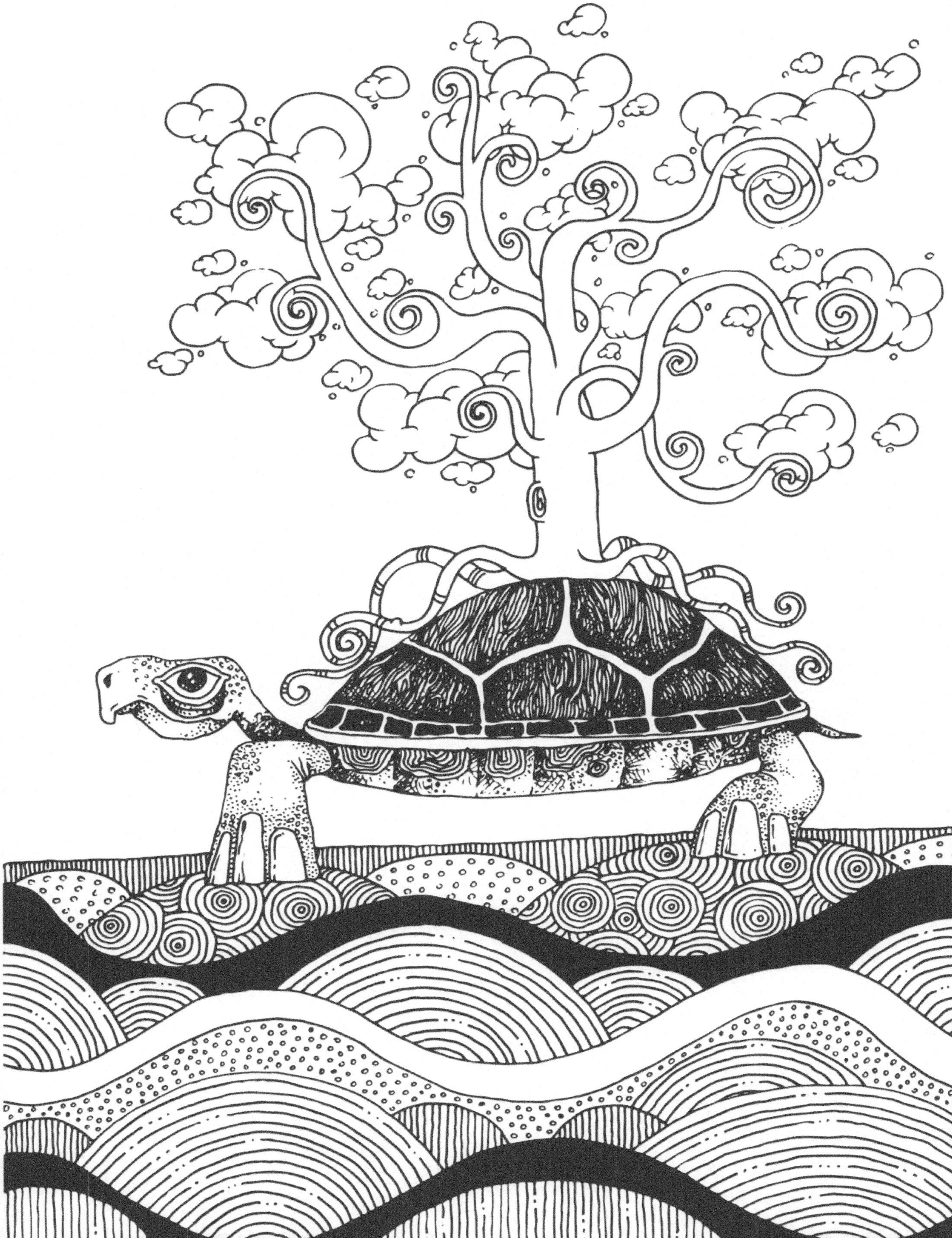

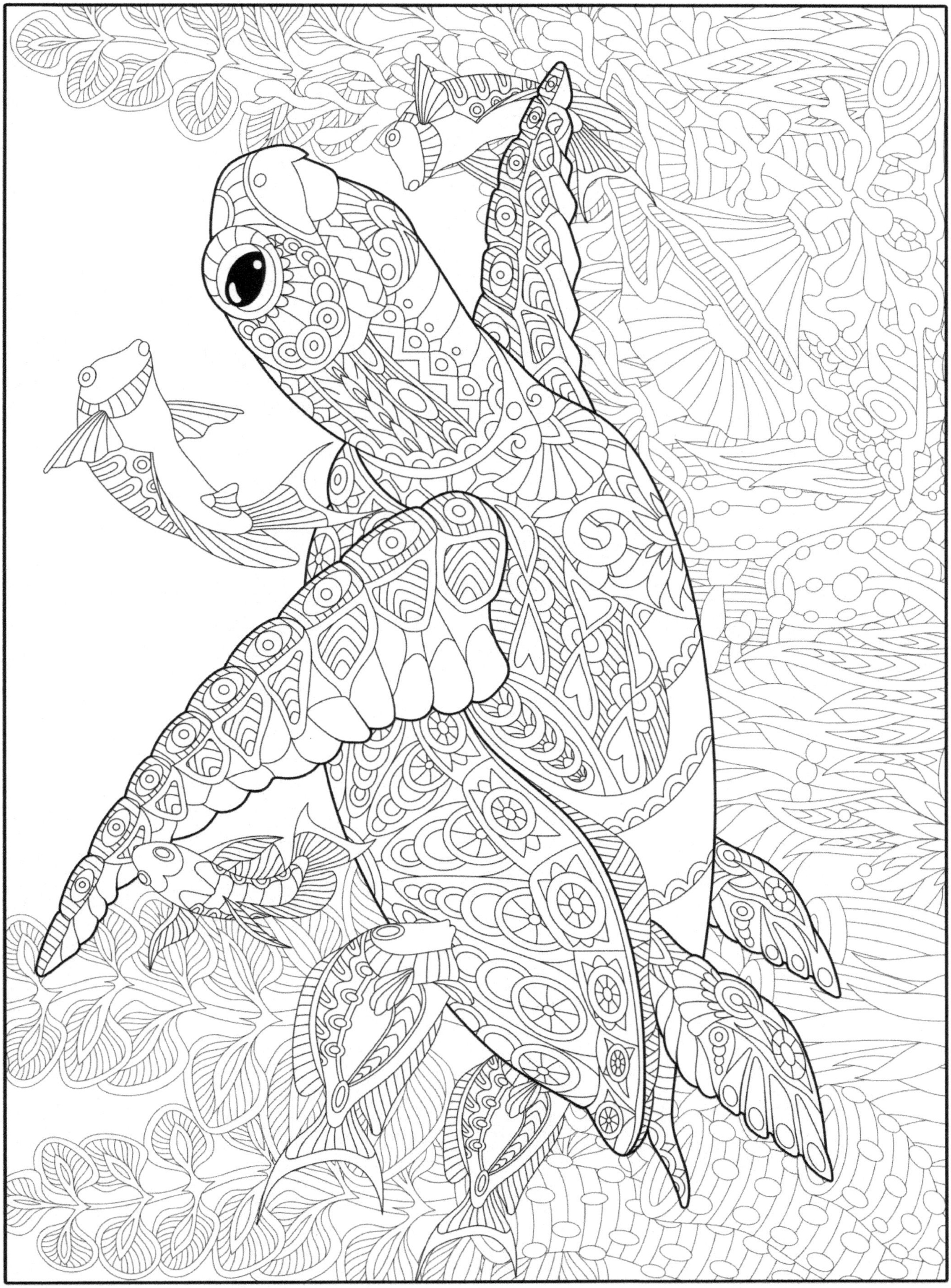

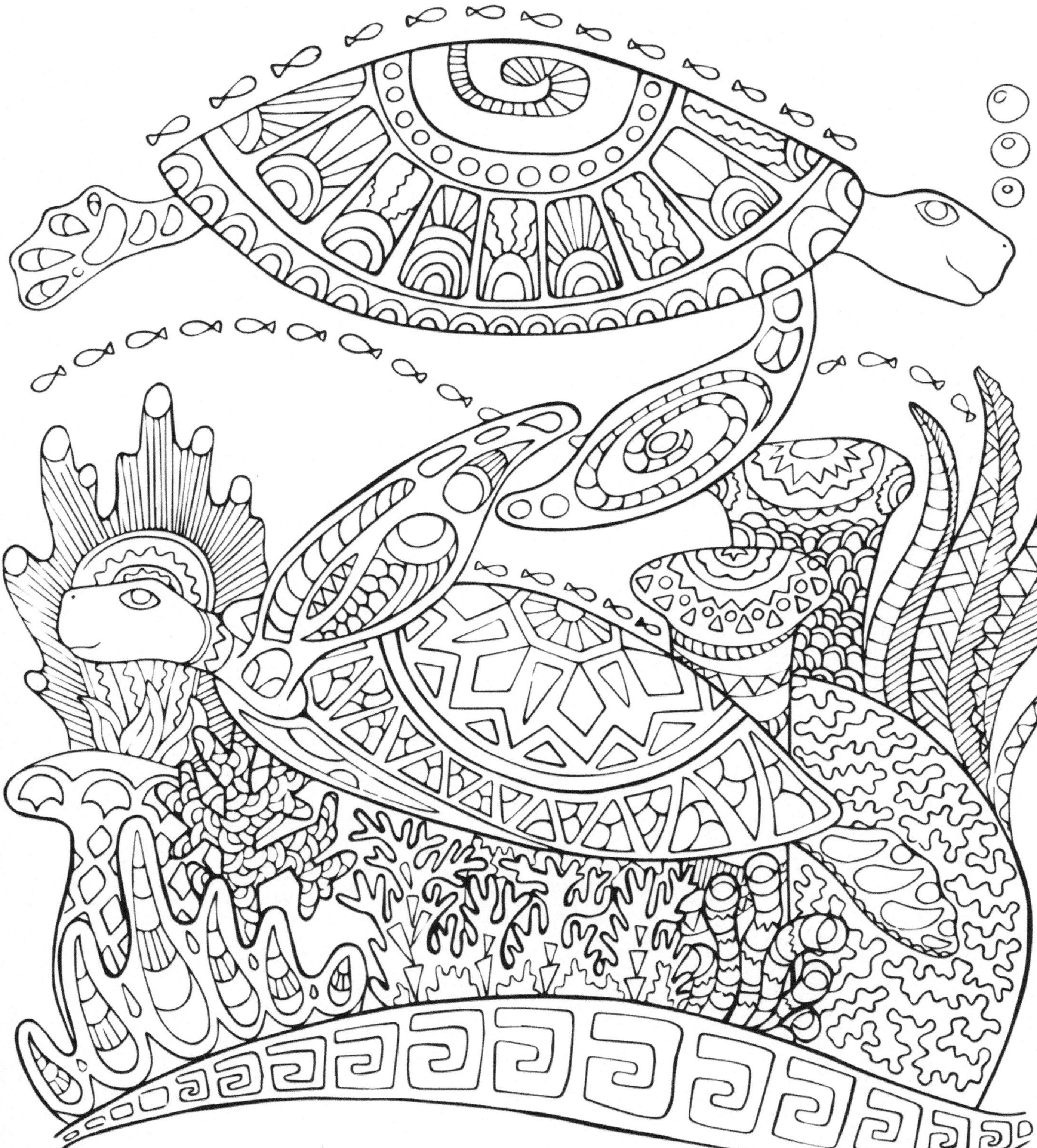

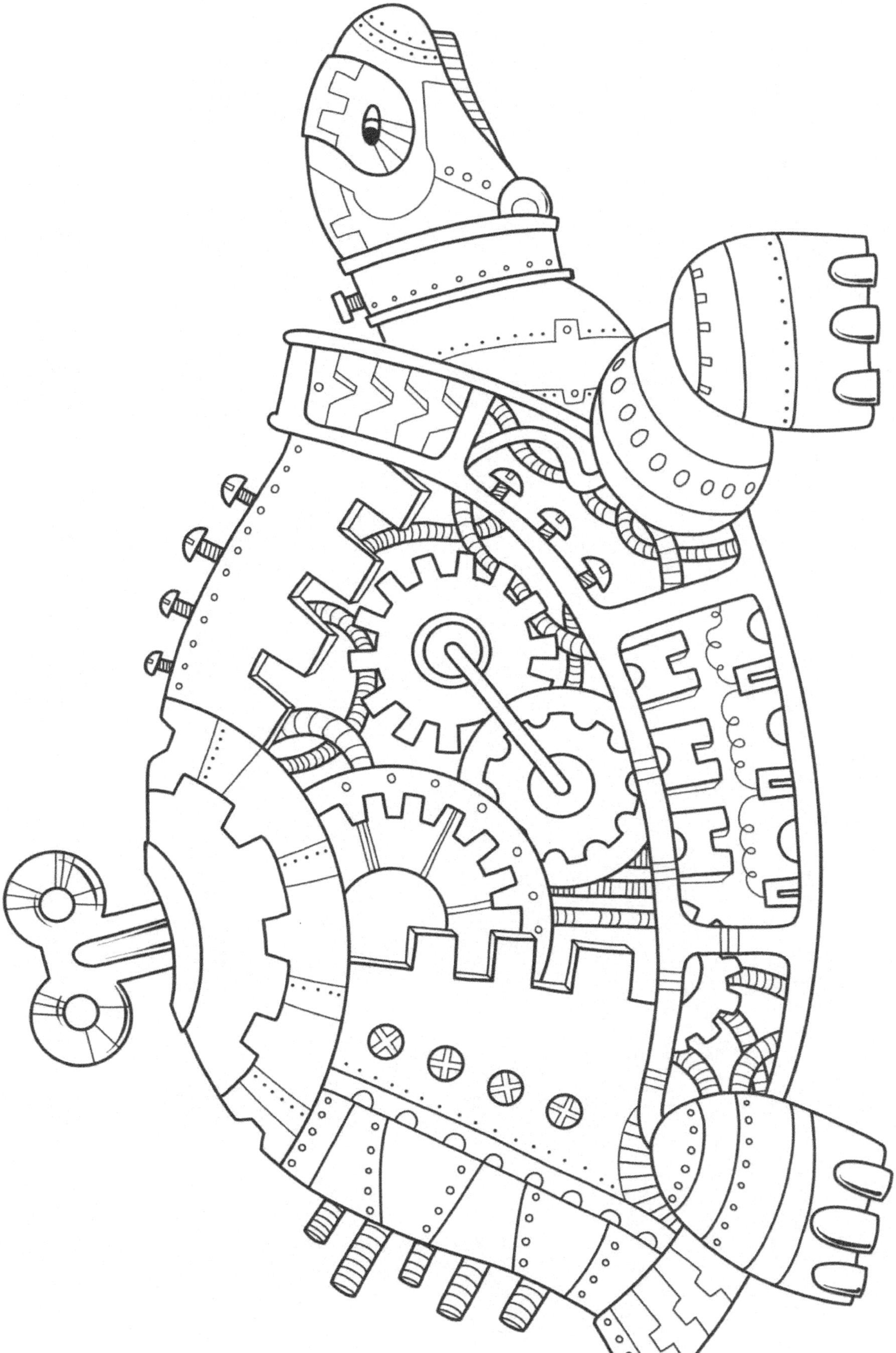

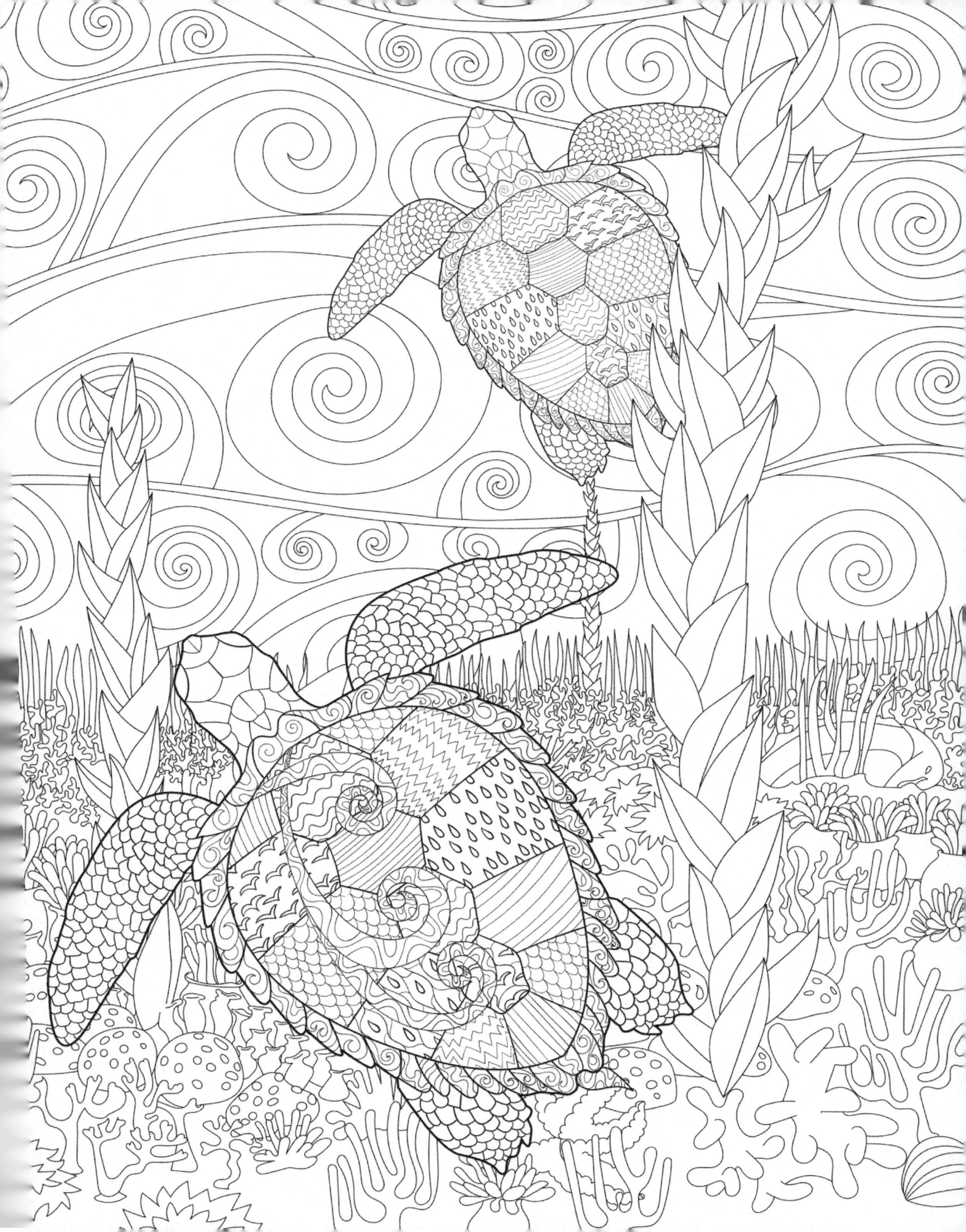

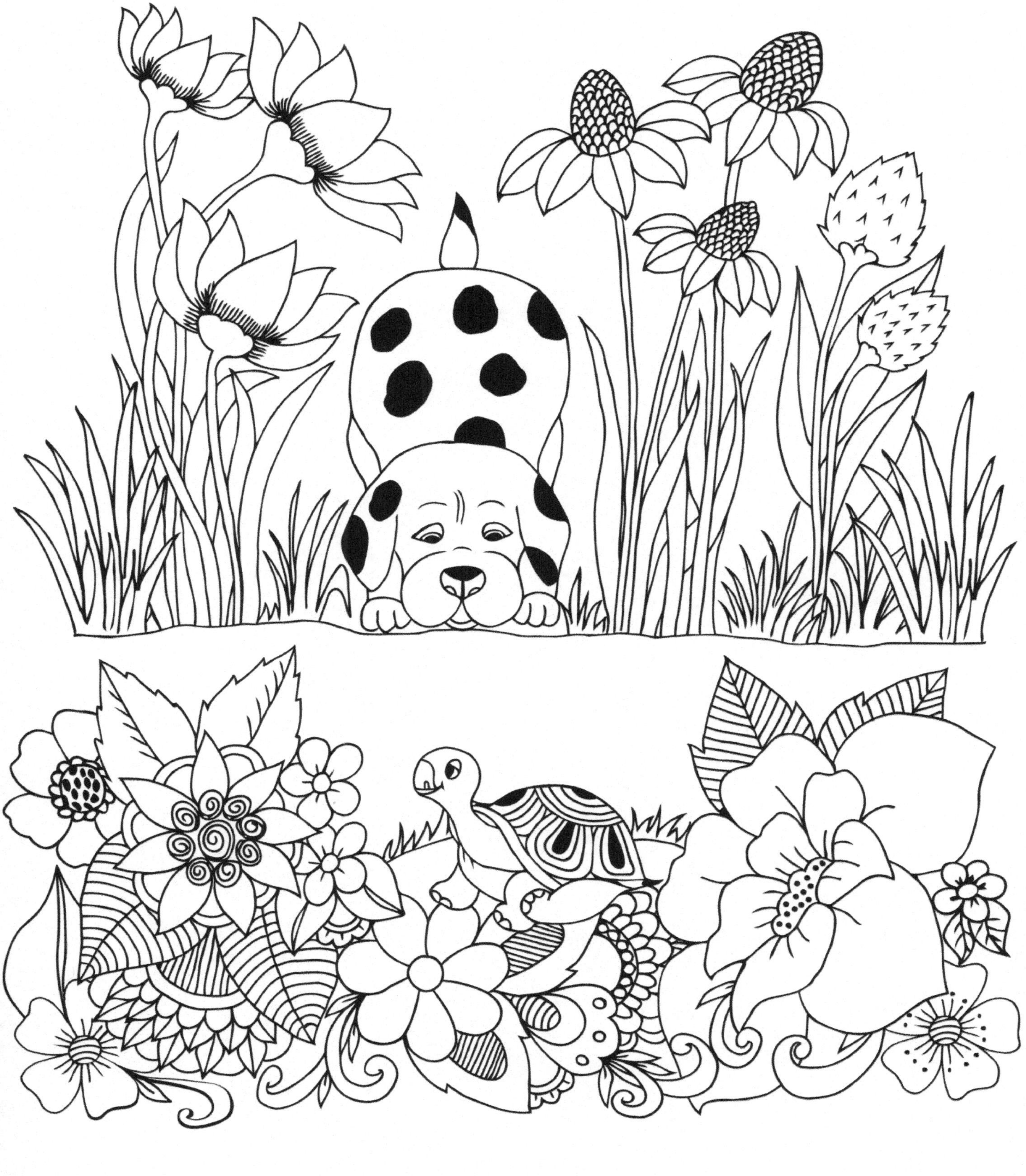

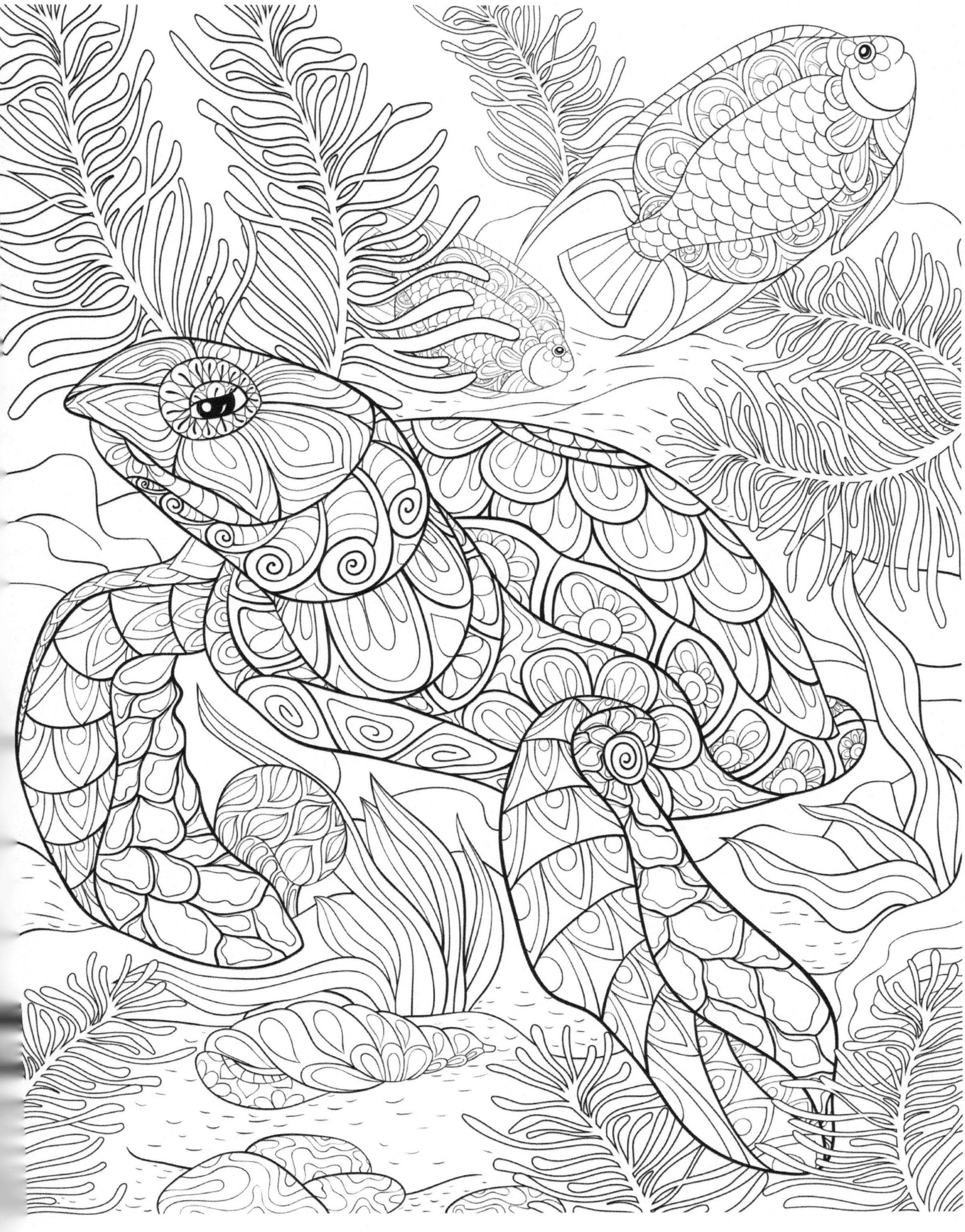

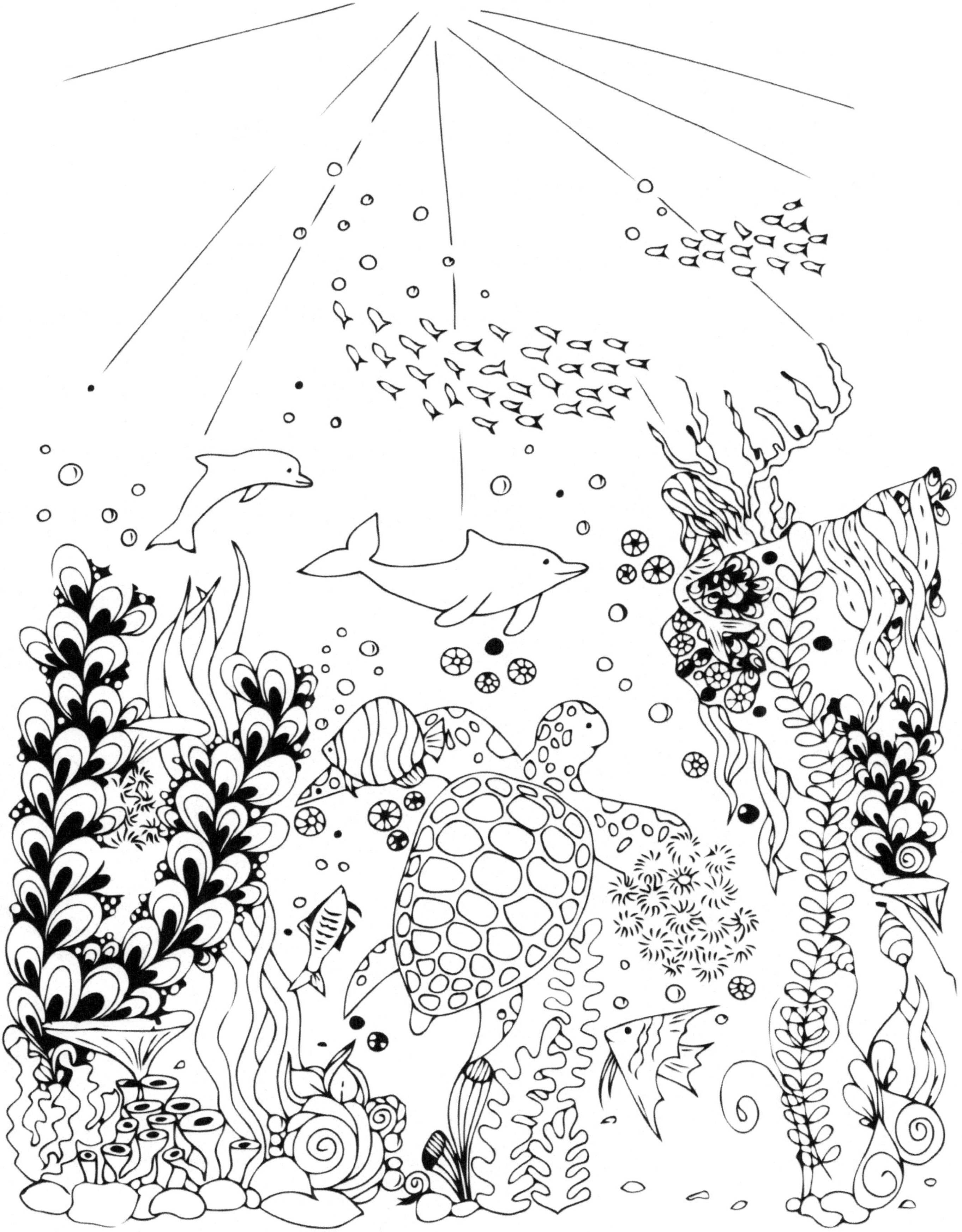

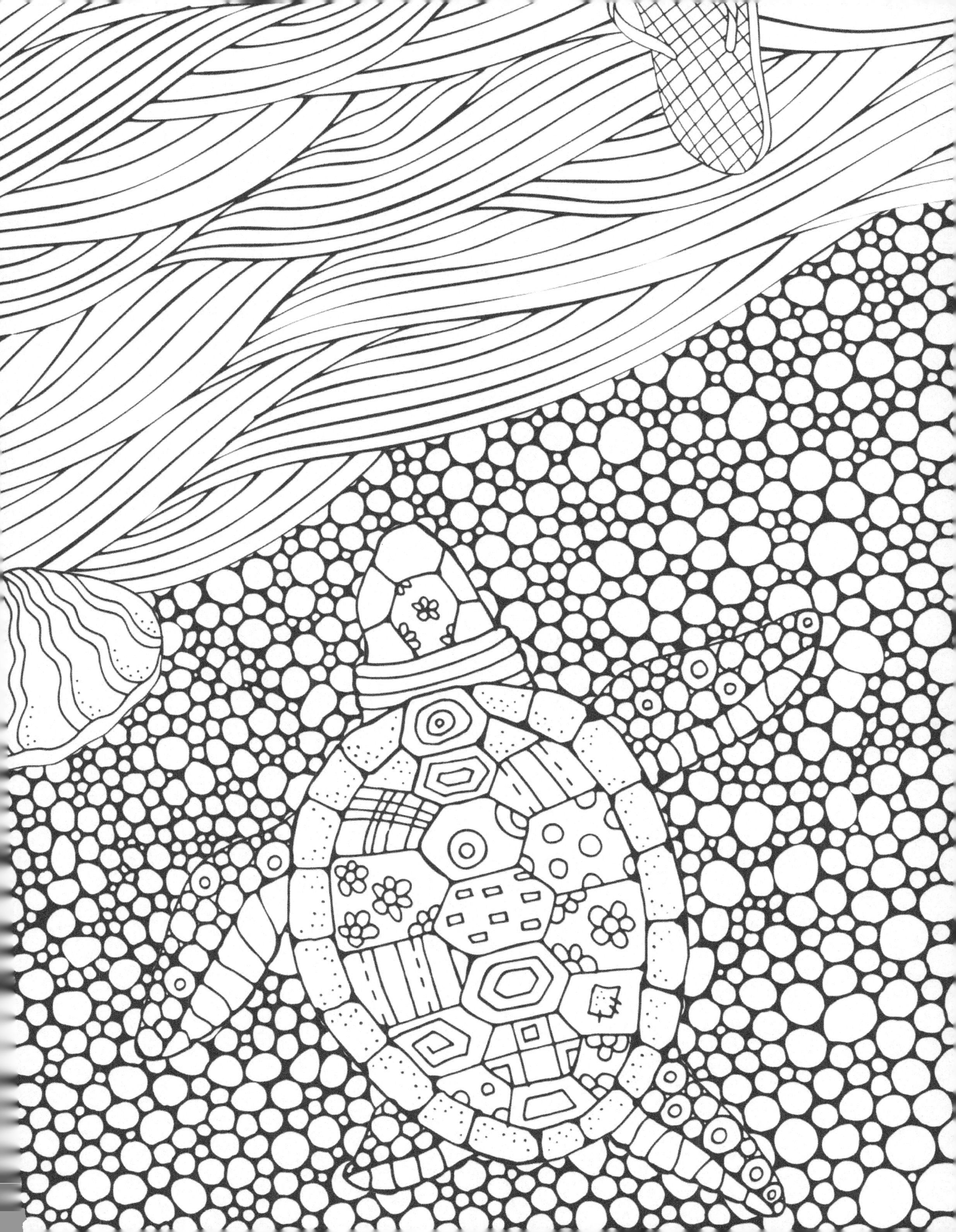

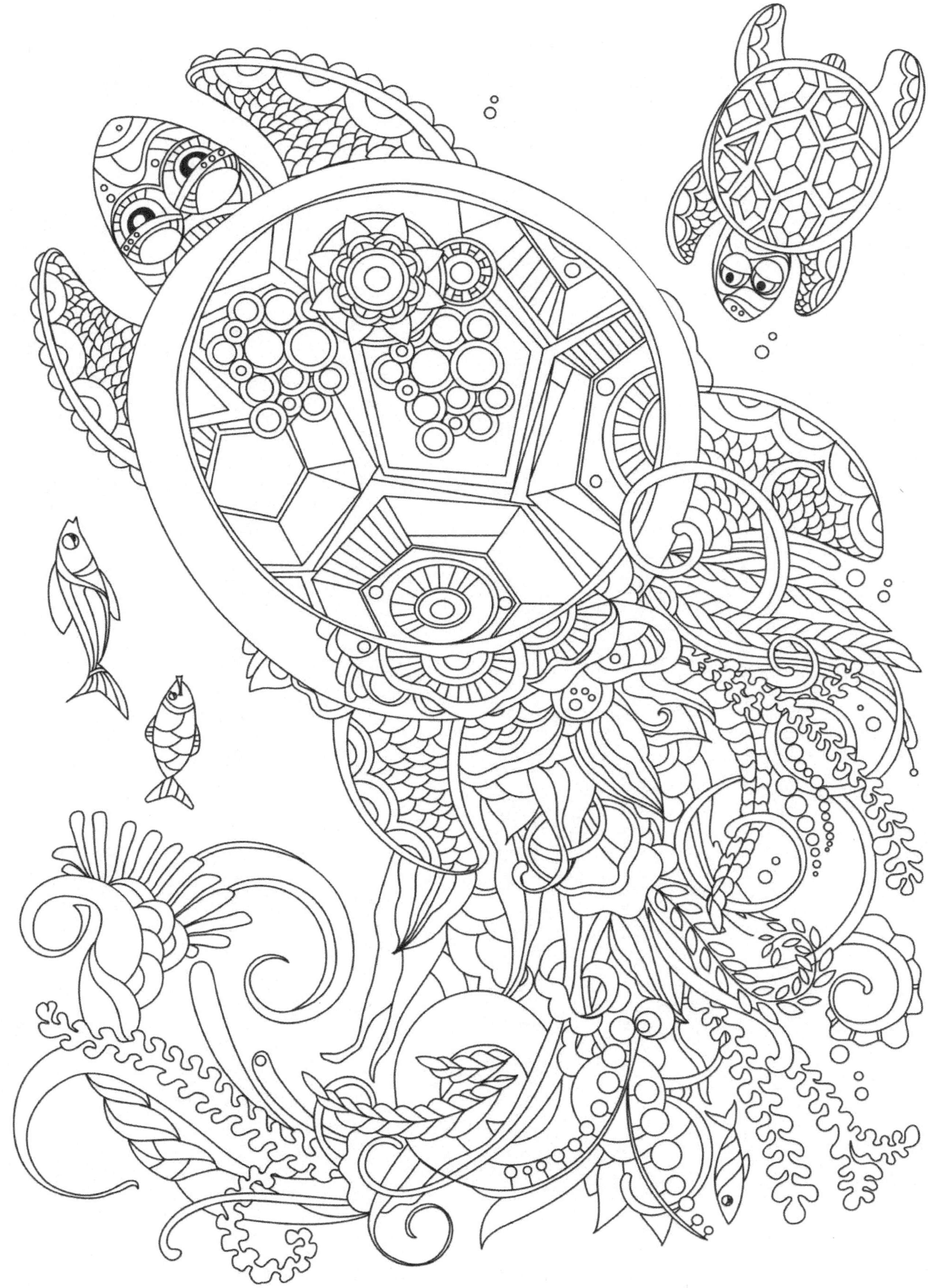

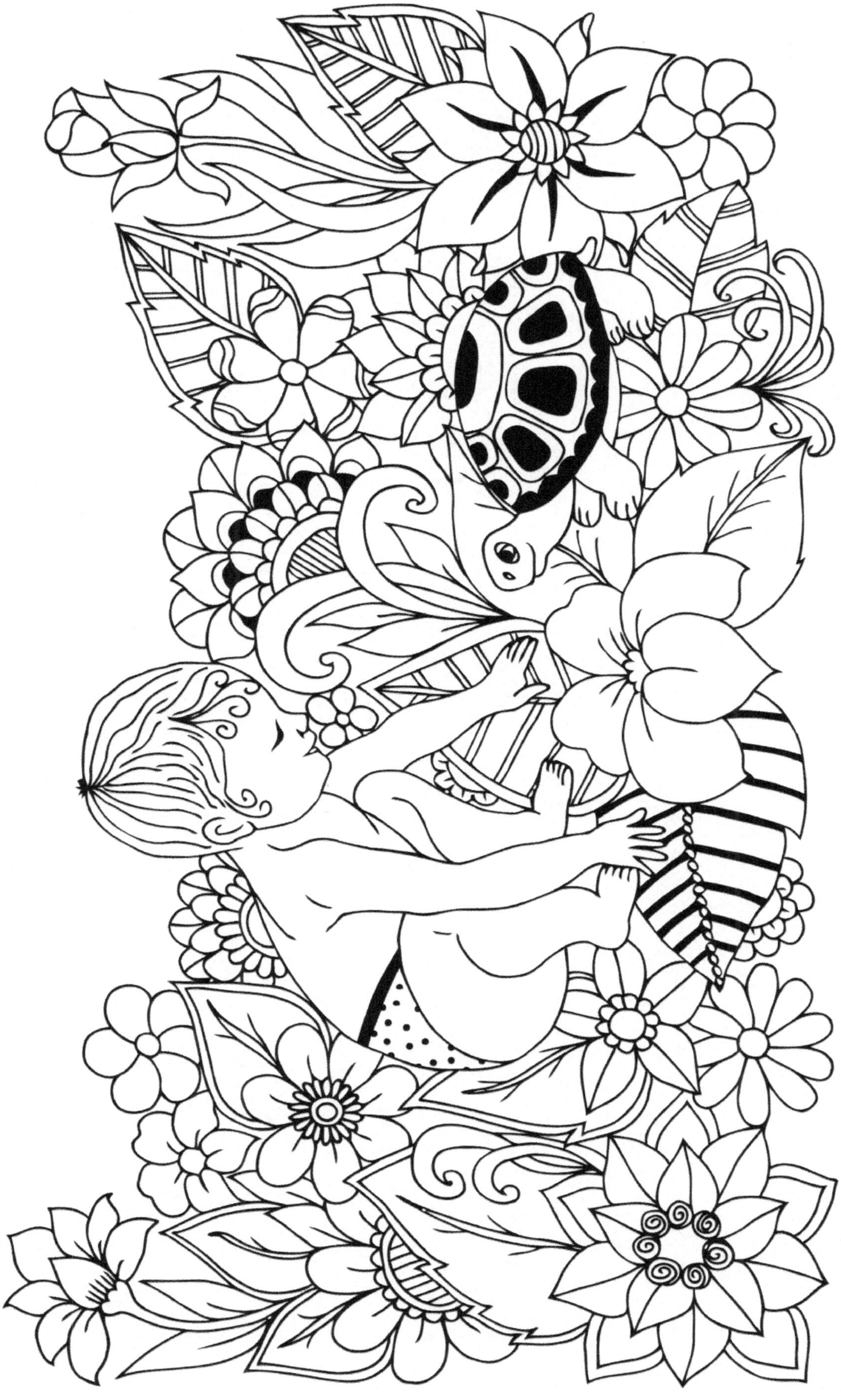

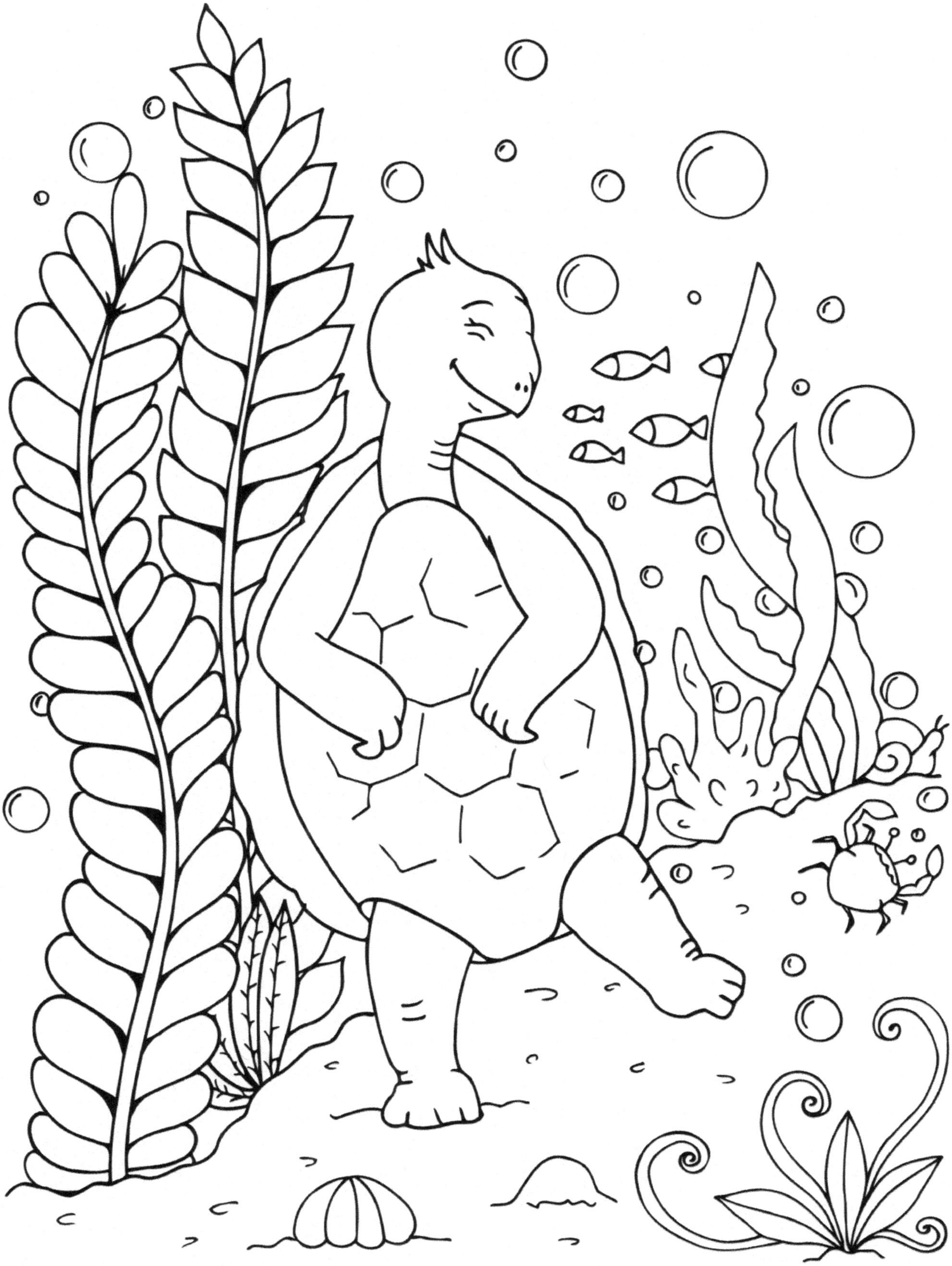

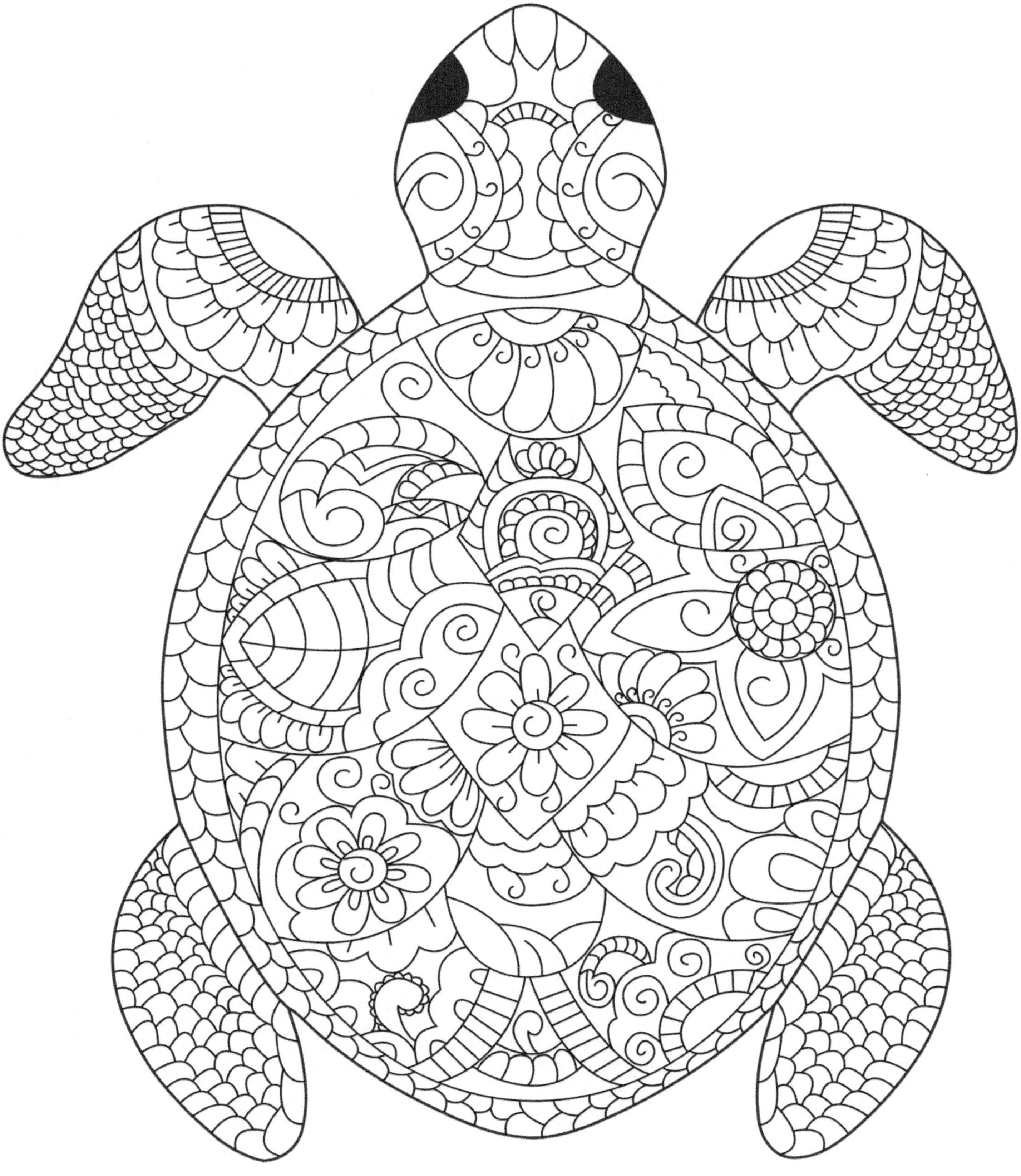

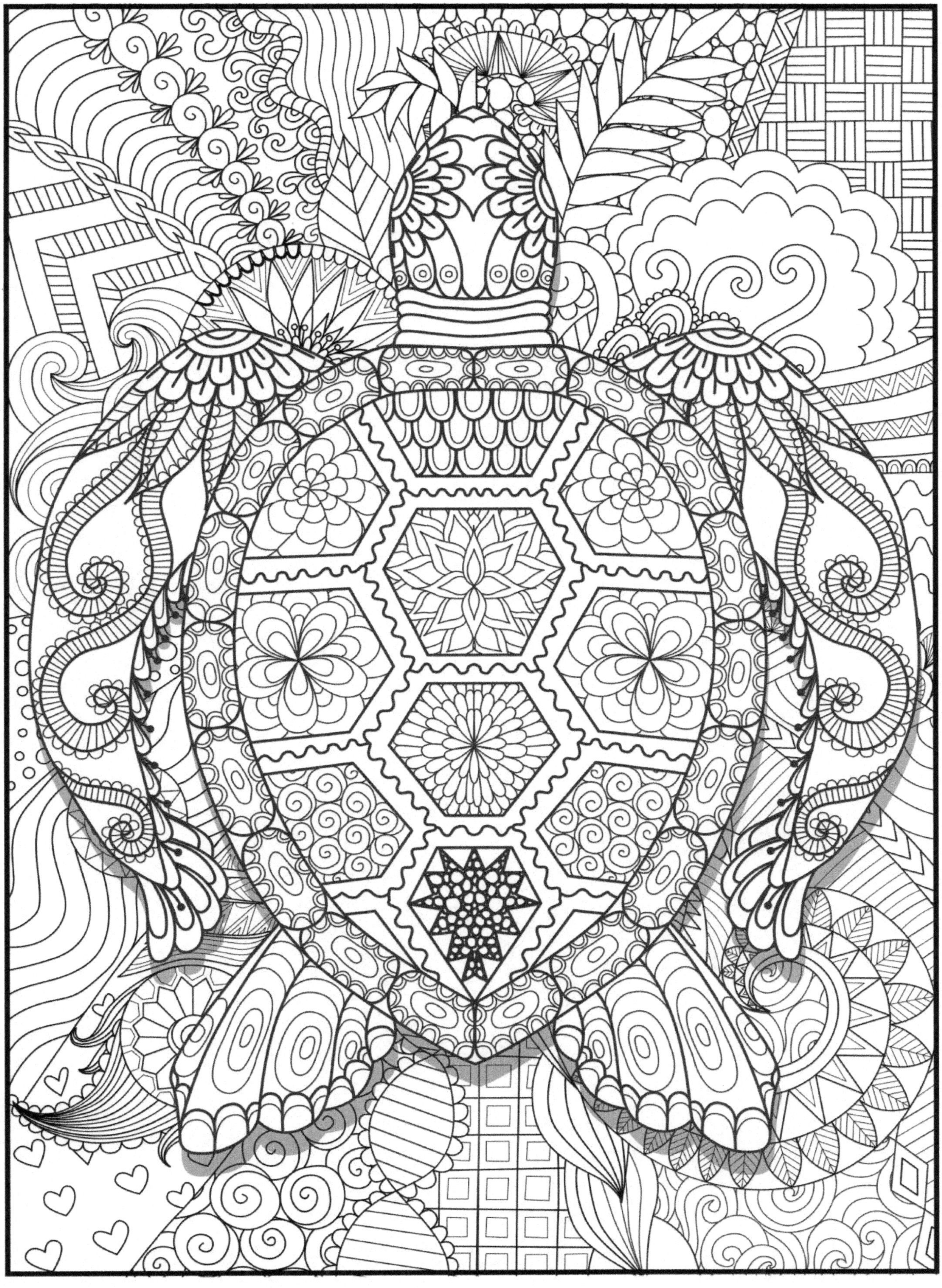

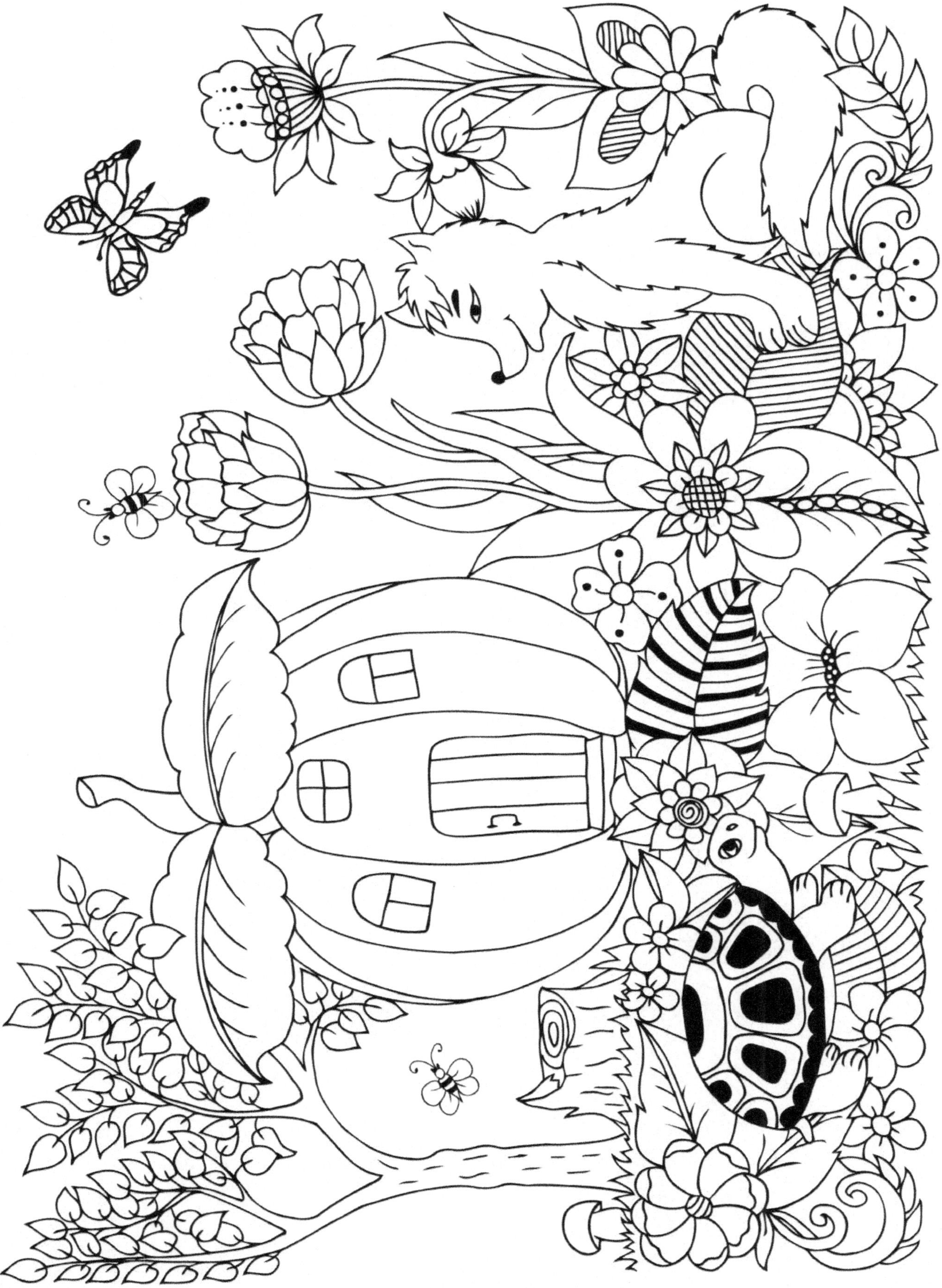

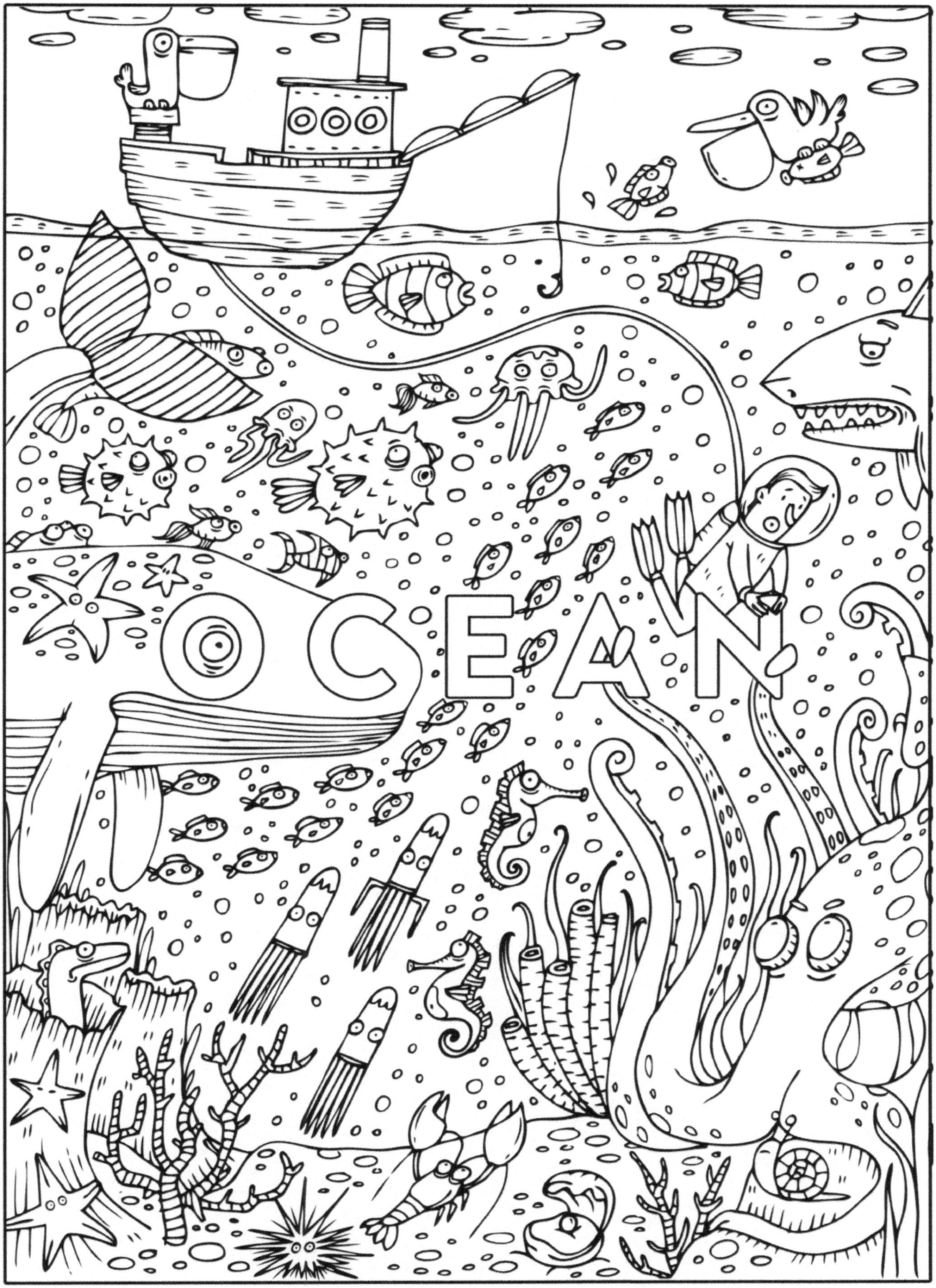
OCEAN

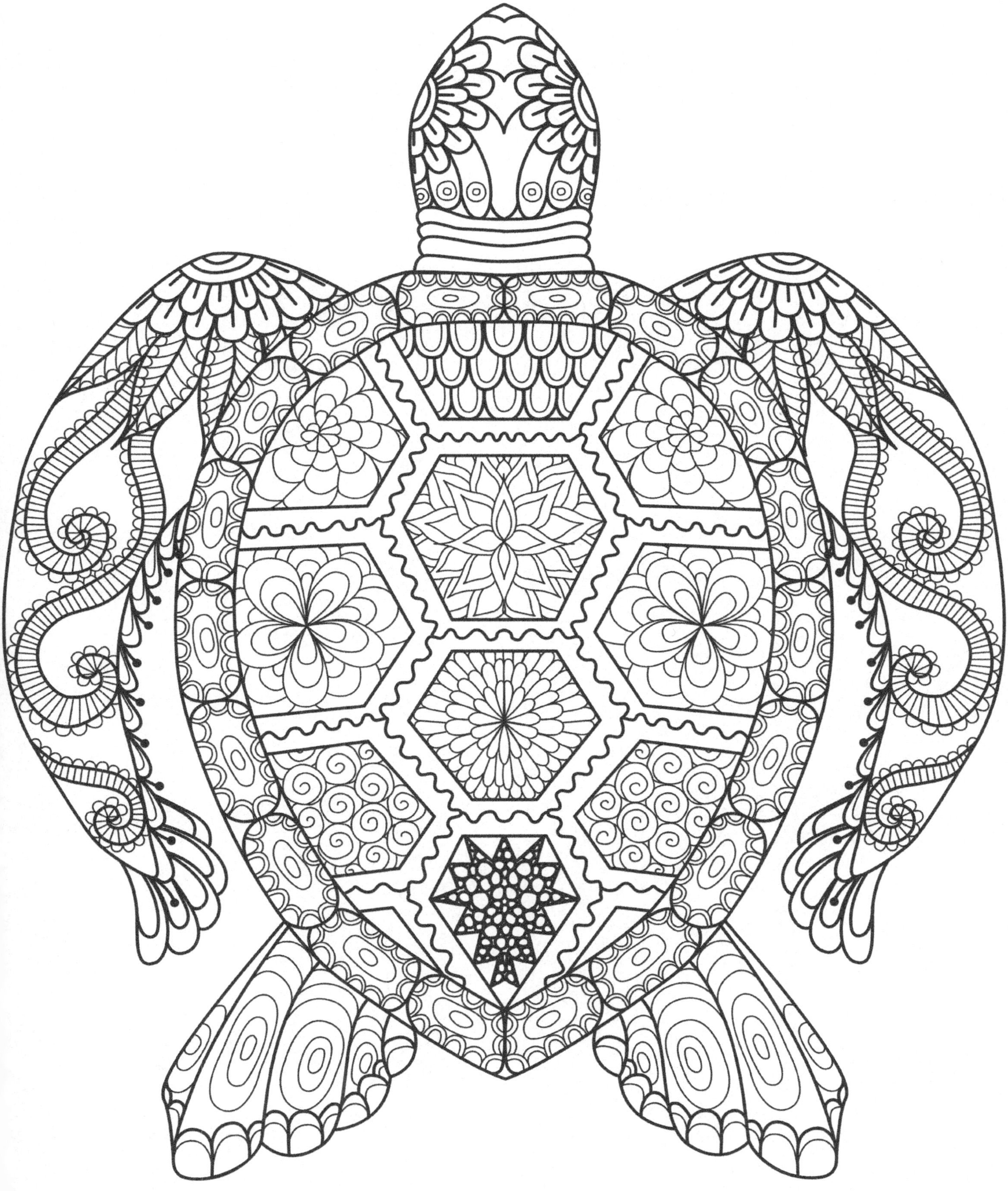

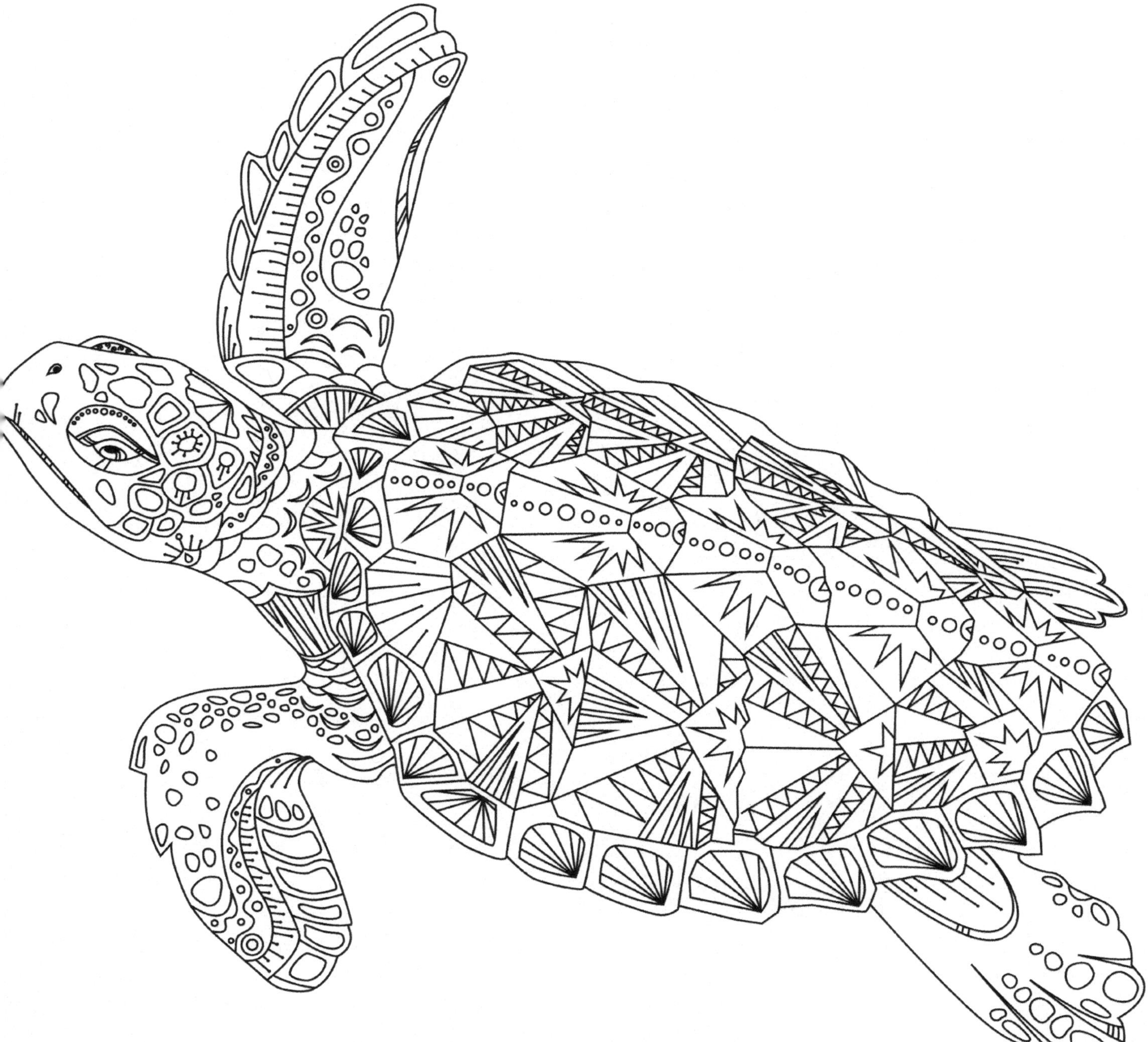

Made in the USA
Las Vegas, NV
16 June 2021

24848139R00037